SOUVENIRS DE POLICE

AU TEMPS
DE
FÉLIX FAURE

PAYOT, PARIS
106, BOULEVARD ST-GERMAIN

1923

Tous droits réservés

SOUVENIRS DE POLICE

AU TEMPS DE FÉLIX FAURE

SOUVENIRS DE POLICE

AU TEMPS DE FÉLIX FAURE

SOUVENIRS DE POLICE

AU TEMPS DE FÉLIX FAURE

DU MEME AUTEUR

Souvenirs de police, au temps de Ravachol. (*Payot, Paris*, 1923) . . . . 7 fr.

Le Signe. (*Le Décadent*, 1887). . . . . . . *Epuisé.*
Les Cornes du Faune. (*La Plume*, 1891). . . . —
Le Bocage. (*La Plume*, 1895). . . . . . . —
Le Signe, réédition (*La Plume*, 1897). . . . . —
La Tour d'Ivoire. (*La Plume*, 1899) . . . . . —
Les Joyeusetés d'Aimé Passereau. (*Le Sagittaire*, 1900) . . . . —
La Couronne des Jours. (*Mercure de France*, 1905). 6 fr. 75
Apothéose de Moréas. (*Mercure de France*, 1910) . 1 fr. 50
L'Assomption de Paul Verlaine. (*Mercure de France*, 1912) . . . . 1 fr. 50
Les Deux Allemagne. (*Mercure de France*, 1914). . 6 fr. 75
Le Cinquantenaire de Baudelaire. (*Maison du Livre*, 1917) . . . . *Epuisé.*
Baudelaire et la religion du dandysme. (*Mercure de France*, 1918) . . . . 1 fr. 50
La Mêlée Symboliste, 3 volumes. (*Renaissance du Livre*, 1918-1921). . . . . 12 fr.
Les Bucoliques de Virgile, interprétées en vers français. (*Garnier*, 1920). . . . . 8 fr.
Léon Riotor, étude critique. (*Figuière*, 1920) . . *Epuisé.*
Edition des « Fleurs du Mal », préface et notes. (*Garnier*, 1921) . . . . 5 fr.
Charles Baudelaire, étude biographique et critique. (*Garnier*, 1922) . . . . 10 fr.
A l'Ombre de mes dieux, poésies. (*Garnier*) . . 6 fr.

ERNEST RAYNAUD

SOUVENIRS DE POLICE

AU TEMPS
DE
FÉLIX FAURE

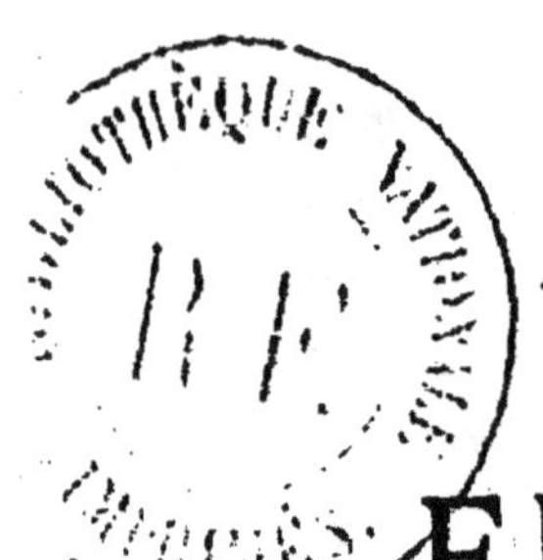

PAYOT, PARIS
106, BOULEVARD ST-GERMAIN

1925
Tous droits réservés.

AU TEMPS DE FÉLIX FAURE

I

LA COURONNE D'IMMORTELLES

Le 29 février 1896, c'est-à-dire au début de sa deuxième année de Présidence, M. Félix Faure devait s'embarquer dans la matinée, à la gare de Lyon, pour une tournée d'apparat à travers les principales villes du réseau : Dijon, Chalon-sur-Saône, Lyon, Marseille, Nice. En ma qualité d'officier de paix du XIIᵉ arrondissement, il m'appartenait d'assister à ce départ et d'en assurer la sécurité. J'avais établi un service d'ordre occulte, mais d'autant plus rigoureux qu'il m'était revenu qu'un groupe de militants syndicalistes, mécontents de la politique du Président et de ses coups de barre à droite, y voulaient saisir l'occasion d'une petite manifestation de mauvais goût. L'usage étant, en pareille circonstance, d'offrir des fleurs aux partants, ils avaient imaginé de lui faire parvenir une couronne mortuaire d'immortelles rouges. Ça n'était pas bien terrible, mais c'était un geste de dérision, une offense à la dignité du chef de l'Etat. Le devoir de la police était de la lui épargner.

Vingt minutes avant l'heure fixée pour le départ du train (8 heures) M. Félix Faure, entouré d'une nombreuse suite, parut sur le quai d'embarquement, avec ce front assuré et ce souci de parade qui le suivait partout. Long pardessus noir, col de fourrure, chapeau haut-de-forme à huit reflets, bottines vernies et guêtres blanches, comme à son ordinaire, il rutilait de façade. Il y avait, là, autour de lui, les membres de sa maison civile et militaire, des ministres, des membres du parlement, de hauts fonctionnaires, tous ceux qui devaient l'accompagner dans son voyage et un petit groupe de familiers venus simplement pour l'assurer de leur sympathie. Inutile de dire qu'il y avait là, aussi, M. Lépine et le commissaire divisionnaire Bouvier, lesquels, instruits de ce qui se complotait, partageaient mes préoccupations. Ils avaient, comme moi, un œil sur le Président et sa suite, l'autre sur les portes vitrées de la cloison, épiant ce qui pouvait, derrière, s'y tramer de suspect.

Un député méridional, qui depuis longtemps attendait l'arrivée du Président, s'était précipité sur lui et, faisant mine de l'accaparer, lui criait avec un accent tel que l'air en fut soudain saturé d'un relent fortement alliacé :

— Té ! que je suis heureux, mon bon, de pouvoir te donner l'accolade en ce moment solennel. Tu vas te montrer aux populations, heureux mortel, et te faire acclamer au pays du soleil.

— C'est une nécessité, expliquait le Président. Mes prédécesseurs étaient déjà célèbres au moment

de leur entrée en fonctions. Moi, lorsque j'ai été
porté au pouvoir, tout le monde m'ignorait. Il faut
bien que je me répande, si je veux me rendre populaire. Le peuple n'aime que les gens qu'il connaît.

L'autre concluait :

— Tu parles d'or, mon bon ! et les voyages forment la jeunesse.

Et, bientôt, je voyais le Président, importuné de
la familiarité de l'homme et pressé de s'en évader,
saisir le bras du chef du protocole et l'entraîner, à
l'écart, bien loin, en avant du groupe. Tandis qu'ils
cheminaient, je perçus ces mots dans la bouche du
Président : « Quel butor que ce X.. ! Sous prétexte
que nous sommes des amis d'enfance, il se refuse à
voir le fossé qui nous sépare aujourd'hui, et il continue à m'accabler de ses choquantes privautés. Si,
encore, il se contentait de me tutoyer dans l'intimité ! mais il me tutoie même en public, vous avez
vu avec quelle ostentation féroce. Vous les avez
entendus rouler ses « Tu » et ses « Tu ». Ma parole,
on dirait qu'il s'en rince la bouche et qu'il en use à
la façon d'un gargarisme. »

Mais ce n'était pas seulement pour éviter l'impor-
tun que Félix Faure avait entraîné le chef du protocole. Il s'agissait d'une grave question restée jusqu'à la dernière heure en suspens, et qu'il fallait
résoudre.

La reine d'Angleterre villégiaturait *incognito* à Nice,
et Félix Faure, toujours en démangeaison de se frotter
aux souverains, brûlait de lui rendre visite. On lui
avait fait remarquer qu'en ne tenant pas compte de

cet *incognito*, il risquait de commettre une gaffe protocolaire, et qu'il était préférable qu'il se bornât à faire déposer sa carte. Ça ne lui chantait guère. Il avait chargé le chef du protocole de rechercher dans ses archives, s'il ne pouvait pas se couvrir d'un précédent pour aborder spontanément Sa Majesté. Le chef du protocole lui avouait qu'il n'en existait pas, du moins en ce qui concernait les Présidents de la République, et M. Félix Faure, avec une humeur que trahissait la façon dont il faisait tournoyer son monocle au bout du cordon, lui répliquait : « Mais, sapristi ! il ne s'agit pas seulement des Présidents de la République. Dites-moi comment, en pareil cas, se comportent les *autres souverains ?* »

Tout en causant, ils étaient arrivés à hauteur du wagon présidentiel. Un employé de la compagnie en descendait, qui venait d'aider le personnel domestique de l'Elysée à y disposer les fleurs. L'employé demanda au Président s'il n'avait plus besoin de ses services. Il n'en reçut que cette admonestation sévère :

— Sachez, mon ami, qu'il n'est pas permis d'adresser la parole au Président de la République sans y avoir été invité.

A ce moment, M. Lépine quittait brusquement le quai et, d'un élan précipité, s'engouffrait à l'intérieur du bâtiment. Je me doutais qu'il s'y passait quelque chose. J'ai su, en effet, depuis, que les porteurs de la couronne, sans doute avec la complicité d'un agent de la compagnie, avaient réussi à se faufiler, par une porte secrète, jusque dans les couloirs de la gare.

Évidemment, ils ne pouvaient aller plus loin sans se heurter aux agents en bourgeois disséminés à l'intérieur, mais c'était déjà trop qu'on pût les apercevoir de loin, à travers les vitres et que le Président eût vent de leur équipée. Je dois faire observer, pour mieux expliquer mes craintes, que la gare de Lyon n'avait pas pris le colossal développement qu'on lui voit aujourd'hui, et qu'il était encore aisé de s'y reconnaître. D'ailleurs, le train présidentiel était garé sur la première voie, c'est-à-dire au long des bâtiments. Mon premier mouvement avait été de suivre M. Lépine, mais je craignais que cette sortie en masse de la police ne donnât l'éveil, et M. Bouvier eut, sans doute, la même idée que moi, puisque je le vis s'éloigner discrètement, en me jetant un coup d'œil qui voulait dire « Restez-là ! Occupez-vous du Président ! Amusez-le au besoin ! »

Diable ! amuser le Président ! la tâche ne me semblait guère facile après ce que je venais de lui entendre dire à l'homme d'équipe. Par surcroît de malchance, il avait le visage tourné du côté des portes vitrées, où je craignais toujours de voir se profiler l'ombre gigantesque de la couronne maudite. Le plus urgent était de le faire pivoter. J'y parvins par un stratagème assez risqué et que je ne donne point comme une manœuvre géniale, mais j'étais sur le gril et il me fallait faire flèche de tout bois. Je m'élançai de quelques pas en avant avec un grand geste, comme si je faisais, de loin, signe à quelqu'un

Le Président se détourna, fit un pas vers moi et me demanda : « Qu'y a-t-il ? »

Ce simple « Qu'y a-t-il ? » est demeuré pour moi le mot capital de Félix Faure et le plus beau de tous les mots historiques. Il n'est pas de morceau d'éloquence, de poème inspiré, qui m'ait dilaté davantage et rempli d'une plus réelle satisfaction. La conversation était amorcée.

— Ce n'est rien, dis-je, M. le Président, c'est l'un de mes agents qui, interprétant mal une consigne, s'engageait sur une fausse voie.

Mais, la conversation amorcée, il fallait la soutenir. Les gens, pris au dépourvu, ont une ressource infaillible pour se tirer d'affaire, qui est de parler du temps, encore que cette ressource ne soit pas toujours si innocente qu'il y paraisse d'abord. Je me souvenais de la mésaventure survenue, jadis, au gentilhomme-intendant du château de Jérôme Gondi, à Saint-Cloud, et combien il lui en avait cuit d'y avoir eu recours. Un jour d'été qu'il se promenait dans les jardins, cherchant sous les ombrages refuge contre la chaleur accablante, il tombe, au débouché d'une allée, sur le roi Henri III, venu, avec sa suite, y faire un tour à l'improviste.

— Eh ! bien, Monsieur, demanda le monarque, que dit-on de neuf à Saint-Cloud ?

L'intendant qui n'avait pas le temps d'étudier sa réponse, répondit ingénuement : « On dit, Sire, qu'il y fait bien chaud. »

Or, c'était précisément le temps où le roi, suivait, pour un mal secret, le régime de sudation alors en usage. Il se piqua du mot comme d'une allusion désobligeante et tourna bride incontinent, laissant l'écervelé en plan, désolé de sa bévue.

Néanmoins, je n'avais pas le choix ; c'est le prétexte du temps que je pris pour soutenir la conversation. Ma seule précaution fut de sembler plutôt m'adresser au chef du protocole, et j'énonçai : « M. le Président peut se féliciter d'avoir beau temps pour son voyage. Il n'a qu'à paraître pour pacifier les éléments. »

Effectivement, il avait plu à torrents depuis plusieurs jours et, ce matin là, la pluie avait cessé comme par enchantement. Il faisait sec et, même, en dépit de la saison, une brise tiède soufflait.

J'eus la satisfaction de voir le Président mordre à l'hameçon.

— Ce que vous dites là, approuva-t-il, est la pure vérité. J'ai le ciel avec moi. Ce pauvre Carnot ne pouvait mettre le nez à la fenêtre sans faire pleuvoir.

Et, puisque la corde de la vanité vibrait si facilement chez Félix Faure, il ne me restait plus qu'à appuyer. Je ne reculai pas devant la flagornerie et j'ajoutai : « La France ne manquera pas d'y voir un heureux présage pour la durée de votre Présidence. Elle se souvient du soleil d'Austerlitz ». Le Président eut un signe de tête approbateur et, comme s'il jugeait à propos de me renvoyer l'encensoir, il me dit :

— Vous avez là, M. l'officier de paix, un bien bel uniforme.

J'étrennais en effet une tunique neuve et les broderies en étincelaient d'autant, puis, tourné vers le chef du protocole, Félix Faure reprit :

— On a beau dire, voyez-vous, l'uniforme il n'y

a que ça ! C'est ce que je ne cesse de répéter autour de moi, et ce que les parlementaires se refusent à comprendre. On m'oppose l'esprit démocratique. Je ne vois pas ce qu'il aurait à y perdre. Qu'est-ce que c'est qu'un Président de la République en habit noir, dans les solennités publiques et quand il passe *ses* troupes en revue ? Il lui faudrait un uniforme capable, tout au moins, de rivaliser d'éclat avec celui d'un général.

A l'instant même, M. Lépine revenait sur le quai, suivi de M. Bouvier. Leur front serein me prouvait que tout danger était conjuré. Ils s'approchèrent de nous. La nature de la conversation, comme mon regard, leur fit comprendre que le Président ne s'était douté de rien. Ce dernier n'eut que le temps de serrer la main du Préfet, car on donnait le signal du départ. Il prit place dans sa voiture. Toute sa suite en fit autant. Bientôt le train s'ébranlait et ne tardait pas à disparaître au milieu d'un nuage de fumée.

La situation était sauvée. M. Lépine, M. Bouvier et moi, avions, chacun dans la mesure de notre grade, licence de nous en applaudir.

II

LE PRÉSIDENT-SOLEIL

Le bruit courait sur Félix Faure qu'ayant un jour reçu du Tsar cadeau d'une écritoire, il s'était long-temps intrigué de l'objet, sans pouvoir en découvrir ni le nom ni l'usage. Ce n'était évidemment qu'un conte destiné à montrer que d'humeur peu contemplative, et moins porté à la rêverie qu'à l'action, il se manifestait plus homme de parade que de cabinet.

Il était fils d'un petit artisan, ce qui ne laissait pas que d'être très honorable et ce qui n'a pas peu contribué à sa popularité, mais bien qu'il ait laissé publier sa photographie en ouvrier tanneur, je ne sais s'il prenait un extrême plaisir à se l'entendre rappeler.

La mère Martin n'y manquait pas pourtant. Elle l'avait vu naître, au 65 du faubourg Saint-Denis, dans cette antique maison, aujourd'hui transformée, mais qui n'était, alors, qu'une vaste caserne ouvrière, composée de plusieurs corps de bâtiment, où beso-gnait tout un peuple de gagne-petit et où elle habi-tait encore au moment de son élection à la Présidence. Les journalistes, toujours à l'affût d'une information sensationnelle, avaient fini par repérer la vieille et publiaient ses confidences.

La mère Martin, de son côté, fière d'être un objet d'attention et de lire son nom imprimé dans les journaux, ne tarissait pas de détails sur la vie qu'avaient menée, dans le quartier, les parents de Félix Faure.

— Ils occupaient, disait-elle, un modeste logement, dans le bâtiment du fond. Trois pièces en tout.

Le père fabriquait des sièges. La mère vaquait aux soins du ménage. — C'étaient de braves gens, qui se tuaient au travail. Je vois encore la femme éplucher ses pommes de terre et laver son linge à la fontaine de la cour. N'étant pas riche, elle savait la valeur de l'argent. Un soir, rentrant de course, elle s'aperçut qu'elle avait perdu son porte-monnaie. Il contenait dix francs. Une somme pour elle. Pensez-donc ! Je n'ai jamais vu pareil désespoir. C'est moi qui retrouvai le porte-monnaie tombé dans l'escalier et qui le lui rendis. Elle m'accueillit comme si je lui avais sauvé la vie. Elle est morte de bonne heure la pauvre femme. Dieu ait son âme ! Félix n'avait que sept ans, mais déjà il promettait. Un dégourdi, qui menait haut la main la bande des galopins de son âge. Il fréquentait l'école communale d'où il rapportait souvent la croix. Je vous assure que vers seize ans c'était un beau gars à qui on en eût donné vingt, et qui déjà n'avait pas les yeux dans sa poche pour reluquer... Suffit... Vous me comprenez !

Puis elle ajoutait avec mélancolie : « Tout de même maintenant qu'il est dans les honneurs, il devrait bien songer à moi qui suis vieille, quasi-aveugle, et qui n'arrive pas toujours, même en trimant du matin au soir, à gagner vingt sous par jour. »

On conçoit que l'éducation du jeune homme, resté sans mère depuis l'âge de sept ans, ait été quelque peu négligée et qu'avec le peu de ressources dont sa famille disposait, il n'ait reçu qu'une instruction primaire. Pourtant, comme il se destinait au commerce, il suivit, à Ivry-sur-Seine, les cours de l'institution Pompée, où il apprit la comptabilité commerciale et des éléments d'anglais. C'est pour se perfectionner dans cette langue qu'il franchit le détroit. Il avait alors dix-huit ans. Il s'installa dans le comté de Surrey, aux portes de Londres. Le jour, il travaillait de son métier de tanneur, le soir, il échangeait des leçons d'anglais contre des leçons de français. De retour à Paris, il entre, pour s'initier à la pratique des affaires, dans une maison de commission en cuirs tannés de la rue Mauconseil, puis, désireux d'apprendre à fabriquer le cuir, lui-même, va s'engager, en province, dans une tannerie d'Amboise. C'est là que l'avait rencontré l'un de mes anciens administrés du Xe arrondissement, un nommé Leblanc, autre faubourien, gaillard à l'esprit fûté, qui avait roulé partout, pratiquant tous les métiers, c'est-à-dire toutes les misères et qui, après une série d'aventures, de hauts et de bas alternés, était revenu s'échouer à Paris, où il vendait des légumes, sous la porte cochère d'une maison de l'enclos Saint-Laurent.

Un jour que je flânais, par là, la fantaisie me prit de l'interpeller.

— Paraît, lui dis-je, père Leblanc, que vous connaissez Félix Faure ?

— Oui, me répondit-il, nous avons été très liés
à Amboise durant les deux années qu'il a travaillé,
comme ouvrier tanneur, à l'usine Demée. Des souvenirs communs de Paris et du faubourg, il n'en fallait pas plus pour faire de nous, d'emblée, dans ce
coin de province, où nous nous sentions dépaysés,
une paire d'amis. Félix ne ressemblait en rien, alors,
à ses portraits d'aujourd'hui. C'était un grand garçon
maigre, si maigre que sa haute taille, légèrement
voûtée, en paraissait démesurée. Pas un poil de
barbe, mais une superbe chevelure ondulée qu'il
entretenait avec soin, car il a toujours été coquet et
préoccupé de sa personne. Des yeux vifs. Une pâleur
qui plaisait aux dames et qu'elles trouvaient distinguée. Pas mauvais diable, au fond, et d'agréable
compagnie. Peu à peu, nous avions fini par être là-
bas toute une petite bande de joyeux lurons, plus
riches de jeunesse et d'espoirs que d'argent, mais qui
n'engendraient point la mélancolie. Nous passions
gaîment nos dimanches à faire du sport, des excur-
sions dans les environs, des parties de canotage, en
toute saison, et des « pleine eau » dans la Loire en
été. Félix n'était pas le moins intrépide au plaisir.
Une seule chose : il ne « buvait » pas.

Et, ce disant, le bonhomme devint pensif. Prenant d'un geste machinal un énorme chou-fleur,
à portée de sa main, il se mit à le considérer d'un air
soucieux. Tel Œdipe dut considérer le Sphinx, dont
il avait à résoudre l'énigme. Et je l'entendis murmu-

rer, d'une voix si basse qu'il semblait se parler à lui-même : « Moi, c'est le vin qui m'a perdu ! »

Voulait-il insinuer par là qu'il aurait eu, sans cette maudite faiblesse, le droit de disputer le fauteuil présidentiel à Félix Faure et que l'intempérance seule lui en avait ôté les moyens ? Evidemment, il ne voyait en Félix Faure que son ancien familier, un égal qu'il lui aurait été aussi naturel de vaincre au jeu de la politique qu'à celui du billard. Puisqu'il pouvait dire en parlant du Président *Arcades ambo*, puisqu'il avait partagé, un moment, sa modeste condition de salarié, pourquoi cet inespéré coup de chance tombé sur l'un, n'aurait-il pas pu, aussi bien, tomber sur l'autre ? Il me parut que le père Leblanc en gardait un peu d'amertume et je lui dis pour le consoler :

— Félicitez-vous d'avoir un ami au pouvoir. Il pourra vous être utile.

— Pensez-vous ! me répliqua-t-il, avec un sourd dépit. Je ne me risquerai pas à lui rien demander. J'aurais honte de me présenter devant lui, dans l'état où je suis. Et puis, il m'a sans doute oublié. Il y a si longtemps que la vie nous a séparés. Je ne l'ai pas revu depuis qu'il a quitté Amboise pour le Havre, où il disait avoir trouvé une place stable qui lui permît de se marier. Ce n'est pas d'hier. D'ailleurs, il est probable que ma visite lui serait importune.

— Pourquoi ?

— Parce que je ne suis pas de ceux dont la société fait honneur et que ses succès ont dû achever de lui tourner la tête. Il lui arrivait déjà, là-bas, dans

les derniers temps, de la « faire à la pose ». Il nous
lâchait, de plus en plus, pour se faufiler dans la
« haute ». Il fréquentait les autorités, le maire qui
était alors le docteur Guénot, devenu depuis sénateur
et dont, plus tard, il a épousé la nièce, Mlle Berthe
Belluot.

— Jolie ?

— Aimable, mais tout le contraire de lui : modeste, timide, réservée ; le type de la petite provinciale, de la petite pensionnaire de couvent. Elle avait
été élevée chez les dames Ursulines. Il a fallu son
mariage pour révéler sa vraie identité. On ne la connaissait, à Amboise, que sous le nom de Berthe Guénot. Le maire la faisait passer pour sa fille, afin d'éviter les commérages et de ne pas ébruiter un secret de
famille.

Ici, le front du père Leblanc s'éclaira d'une joie
maligne, et comme s'il voulait prendre revanche du
mauvais sort et confondre un rival heureux, coupable
de lui avoir volé sa part de chance, il proféra :

— Figurez-vous que ce monsieur Belluot, ancien
avoué à Tours, s'était éclipsé un beau matin sans
tambour ni trompette. On l'accusait d'avoir, comme
on dit « mangé la grenouille ».

— Félix Faure n'en est pas responsable. Vous qui
n'avez pu résister aux tentations de la bouteille, père
Leblanc, allez-vous méconnaître le Pouvoir de l'A-
mour ? Félix Faure était violemment épris de la
demoiselle. On s'explique aisément qu'il ait donné
aux choses du cœur le pas sur les considérations
sociales.

— Je ne lui reproche pas d'avoir épousé la fille, mais d'avoir profité du magot. La dot était assez rondelette. Ça lui a permis d'ouvrir, pour son propre compte, au Havre, un commerce de peausserie qui lui a rapporté gros, donné figure dans le monde et ouvert le chemin des honneurs.

— Auriez-vous dans la même circonstance, fait preuve de plus de désintéressement?

— C'est à voir!... mais il me semble qu'avec une pareille affaire sur les bras, j'aurais préféré jouir de ma fortune à l'ombre et me tenir tranquille, sans aller étaler ma vie en place publique, et Mme Faure est de mon avis, puisqu'on m'a dit que, le jour du Congrès, elle avait passé son temps à prier et à faire brûler des cierges, dans l'église de la Madeleine, pour que son mari ne soit pas élu.

— Chacun ne relève que de sa conscience, père Leblanc. Avouez, du moins, que si l'argent est pour quelque chose dans les succès de Félix Faure, ses qualités personnelles y ont aussi contribué.

— Pour ça je ne dis pas. C'est un malin et qui sait se faire valoir. N'empêche qu'à sa place...

Une ménagère, approchée d'un tas de salades, héla, à ce moment, mon lascar en veine de confidences et ne lui permit pas d'achever sa réflexion.

Un marchandage têtu s'amorçait qui menaçait de s'éterniser. Il ne me restait plus qu'à disparaître, laissant les deux adversaires aux prises, ce que je fis incontinent.

D'ailleurs, je n'avais plus rien à apprendre du père Leblanc. Le reste était de notoriété publique.

On savait comment Félix Faure, au Havre, profitant à la fois de son rapide essor commercial et des leçons du docteur Guénot, républicain militant, vieux routier de la politique, qui lui en avait révélé les secrets, s'était fait élire successivement juge, président du tribunal de commerce, conseiller municipal, maire et enfin député.

On savait qu'à la Chambre, il s'était concilié, tout de suite, l'amitié de Gambetta, ce qui lui avait valu, même après la mort du tribun, en souvenir de lui, un portefeuille de sous-secrétaire d'Etat aux Colonies puis de ministre de la Marine (1894).

A la vérité, nulle part, Félix Faure n'avait fait preuve de ces dons éminents qui font présager un conducteur d'hommes, un futur chef d'Etat, mais à défaut de génie, il s'était signalé à la Chambre, au sein des commissions, par son sens pratique des affaires, son application soutenue au travail et c'est un trait de clairvoyance qui allait lui valoir de décrocher comme *outsider* le prix de la course à la Présidence.

Quand, après la démission de Casimir Périer, il fut question de lui donner un successeur, la lutte paraissait devoir se circonscrire entre deux *as* du Parlement : Jules Brisson et Waldeck-Rousseau, mais l'accord n'ayant pu se faire entre les modérés qui réprouvaient le premier comme sectaire et les radicaux qui répudiaient le second à cause de ses attaques contre le collectivisme, il fallut bien se rabattre sur un troisième candidat. On cherchait un politicien de second plan, de ligne assez neutre pour n'effaroucher aucune conviction. C'était précisément le

cas de Félix Faure, mais cela ne lui aurait pas encore
suffi, si, à ce moment, le scandale des « chéquards
du *Panama* » n'avait éclaté dans la presse. Or,
Félix Faure, comme membre de la commission
dudit *Panama*, s'était élevé contre le projet de loi
d'émission des valeurs à lot. On lui sut gré de cette
marque de sagesse, et c'en fut assez pour que tous
les modérés et les partis de droite fissent bloc en sa
faveur.

Félix Faure avait des qualités, mais il savait surtout,
comme le disait le père Leblanc « se faire valoir ».

C'est ainsi qu'au cours de sa Présidence, il avait
fait écrire un livre sur Rambouillet, lieu de ses vil-
légiatures, dont Rambouillet n'était que le prétexte
et son panégyrique le véritable objet. Il n'y était
question que de ses vertus et de ses prouesses cyné-
gétiques. S'il avait souffert qu'un chapitre y fût consacré à la duchesse d'Uzès, c'était pour emprunter un
supplément d'éclat d'un si illustre voisinage. Il avait
exigé qu'on lui soumît les épreuves et n'avait pas
oublié de s'y faire bonne mesure. Là, par exemple,
où il voyait écrit : « M. Félix Faure est, à la chasse,
l'un de nos meilleurs tireurs », sa plume corrigeait :
« le meilleur tireur. » Le peintre Castaigne, le frère
du poète, et lui-même auteur de romans curieux qui,
traduits en anglais, ont rendu son nom populaire
aux États-Unis, avait été chargé des illustrations. Bien
entendu, ces illustrations ne concernaient que Félix
Faure, dont l'image revenait, à chaque instant, sous
tous les costumes et sous tous les aspects, assis,
debout, de face, de profil. De même, qu'il s'était fait

soumettre les épreuves du texte, le Président s'était fait soumettre les esquisses des figures qu'il voulait enlevées d'un trait pittoresque pour mieux frapper l'imagination. Il me fut donné d'examiner les divers états de ces figures, dans l'atelier du peintre. Il y a si longtemps qu'il m'en reste une impression générale plutôt que des détails précis, mais je crois me souvenir qu'il s'y mêlait des effets d'orage et de clair de lune. J'ai gardé mémoire d'un dessin où Félix Faure était représenté, debout, dominant le paysage, dans un geste théâtral à la Chateaubriand. Le vent gonflait les plis de son manteau. Ce dessin, le peintre avait dû le remanier sans cesse, sur les indications du modèle, qui ne trouvait jamais les plis du manteau assez envolés ni ses traits assez empreints de majesté. Oui, c'est à Chateaubriand que m'avait fait songer d'abord l'atmosphère romantique dont l'image s'enveloppait, mais je réfléchis ensuite que Félix Faure, en suggérant cette attitude au peintre, s'était plus vraisemblablement inspiré de la lithographie populaire montrant Napoléon, dressé sur un promontoire, défiant de loin l'Angleterre, le front impassible, au milieu des éléments déchaînés.

Le livre paru, les amis du Président lui firent entendre qu'il y aurait inconvénient à le divulguer en librairie. Aussi se borna-t-il à en distribuer les exemplaires autour de lui.

Après tout, Félix Faure aurait pu objecter à ses amis qu'en se décernant l'apothéose de ses propres mains, il ne faisait que de se conformer, en sa qualité de chef d'Etat, à une vieille tradition, et qu'il lui restait encore bien des étapes à franchir avant d'en arriver au cabotinage de l'empereur d'Allemagne, Guillaume II, qui ne reculait pas de se faire peindre en saint, l'auréole au front, sur les vitraux des cathédrales. Est-ce que nos rois ont jamais fait fi de se laisser sculpter en empereurs romains ou même en divinités de l'Olympe? Félix Faure aimait la flatterie. La belle affaire! puisque les dieux eux-mêmes sont entachés de ce travers.

Les dieux sont, comme nous, sensibles aux louanges,
Pour quatre grains d'encens que ne ferait Jupin ?

On nous donne Louis XIV pour le modèle des souverains. Vous savez ce qu'en écrit Saint-Simon : *Les louanges, disons mieux la flatterie, lui plaisaient à tel point que les plus grossières étaient bien reçues, les plus basses encore mieux savourées*, et Louis XIV, né dans la pourpre, n'avait pas l'excuse de Félix Faure de pouvoir se considérer comme l'unique artisan de sa prodigieuse fortune. Parti de si bas, pourquoi Félix Faure n'aurait-il pas été tenté de lui emprunter sa devise *Quo non ascendam* ? On l'a même accusé d'avoir envisagé, un moment, la possibilité d'un coup d'Etat, tant il étouffait sous le joug du régime parlementaire.

Il eut raison de croire en son étoile. Nul ne fut plus justement prénommé *Félix*, c'est-à-dire *heureux*. La chance lui souriait.

J'ai dit comment un concours d'événements fortuits lui avait ouvert les portes de l'Elysée. Je n'ai pas besoin de rappeler avec quel bonheur il sut se tirer de tous les mauvais pas de la politique inté-

rieure et de toutes les difficultés diplomatiques.
Comme ministre de la marine, il avait eu à subir un
rude assaut. On lui reprochait d'avoir mal organisé
l'expédition de Madagascar. La campagne était menée
avec vigueur. Justifiée ou non, elle risquait d'ébranler
sa situation politique. Le succès de l'expédition était
venu, fort à propos, la raffermir.

Comme Président, il sut, de même, écarter ou
réduire toutes les ombres menaçantes : *Fachoda*, la
première affaire Dreyfus, une terrible campagne de
chantage (affaire Bellaot). Il n'eut, dans toute sa vie,
que deux gros chagrins, deux gros crève-cœur, celui
de n'avoir pu faire décorer la duchesse d'Uzès, à propos de son monument d'Emile Augier, élevé à Va-
lence, et celui de n'avoir pu recevoir officiellement
— je dis officiellement, car il l'a reçu à titre privé —
l'empereur d'Allemagne à Paris. Il s'y était préparé.
Des négociations avaient été entamées des deux côtés
avec espoir de réussite, mais des manifestations hostiles étaient à redouter. Les ballons d'essai que Félix
Faure avait fait lancer dans la presse, pour tâter l'opinion, soulevèrent un tel émoi qu'il dut renoncer à
son projet. Il aimait traiter de pair à pair avec tous les
potentats d'Europe. Il s'estimait leur cousin et pensait avoir réhabilité Marianne aux yeux des cours
étrangères. En somme, sa Présidence ne connut
que de petits orages passagers et elle fut couronnée
par l'apothéose des fêtes franco-russes, tant à Paris
qu'à Saint-Pétersbourg (aujourd'hui Pétrograd). Une
chose, encore, vint l'inquiéter à ses derniers moments
et troubler sa conscience : le rebondissement de l'af-

faire Dreyfus, mais là, aussi, il sut habilement navi-
guer entre les partis et retirer son épingle du jeu, et
il pouvait croire l'horizon éclairci quand il mourut
d'une attaque d'apoplexie, subitement foudroyé, en
pleine vigueur, comme un homme aimé des dieux,
c'est-à-dire sauvé des infirmités de la vieillesse et des
affres de l'agonie. Il eut même la bonne fortune
d'assister à une sorte de renaissance de l'Art français.
Si courte qu'ait été sa Présidence, elle a coïncidé avec
une belle période d'activité littéraire. Tandis que se
publiaient la correspondance de Victor Hugo et celle
de Renan, tandis que des aînés à la réputation déjà
consacrée poursuivaient leur triomphante carrière :
Zola avec *Paris*, Anatole France avec l'*Orme du Mail*,
le *Mannequin d'Osier* et l'*Anneau d'Améthyste*, Pierre
Loti avec le *Désert à Jérusalem*, Alphonse Daudet avec
la *Petite Paroisse* et *Soutien de famille*, Huysmans avec
la *Cathédrale*, Sully-Prud'homme avec *Que sais-je ?*
Paul Bourget avec *Outre-mer* et la *Duchesse bleue*,
tandis que Maurice Barrès affirmait sa maîtrise avec
les *Déracinés*, toute une pléiade de talents neufs se
faisait jour, enrichissant de chefs-d'œuvre le Livre et
le Théâtre. C'est l'époque où le double mouvement
symboliste et roman parvenait à son plein épanouissement, le premier avec des poètes comme
Henri de Régnier, Albert Samain, Émile Verhæren,
Francis Jammes..., le second avec des poètes et des
prosateurs comme Jean Moréas, Maurice du Plessys,
Raymond de la Tailhède, Hugues Rebell et Charles
Maurras. C'est l'époque des débuts d'Henry Bataille
et d'Edmond Rostand.

C'est l'époque où la scène française voyait se produire, outre l'adaptation scénique de la *Manette Salomon* des Goncourt et *Judith Renaudin* de Pierre Loti, le *Chemineau* de Richepin, *Pour la Couronne* de François Coppée, la *Figurante*, le *Repas du lion* de François de Curel, *Catherine*, le *Nouveau Jeu* d'Henri Lavedan, l'*Affranchie*, la *Douloureuse*, *Amants* de Maurice Donnay, *les Tenailles*, la *Loi de l'Homme* de Paul Hervieu, *La Meute*, la *Carrière* d'Abel Hermant, le *Passé* de Porto Riche, *les Mauvais bergers* d'Octave Mirbeau, la *Princesse lointaine*, la *Samaritaine* et *Cyrano de Bergerac* d'Edmond Rostand... Tout cela dans le court espace de ses quatre années de Présidence. Félix Faure n'aurait eu qu'un geste à faire pour en recueillir le bénéfice et s'en parer du renom de protecteur des Muses, mais il ne s'intéressait guère aux lettres pas plus qu'aux arts plastiques, et c'est d'un œil indifférent qu'il assista à cette évolution de l'Art décoratif, aux premiers essais de ce qu'on a appelé depuis si fâcheusement le *modern-style*, et auquel il aurait pu attacher son nom. Mais ne lui soyons pas trop sévère et sachons lui gré d'avoir pris son métier de Président à cœur. Sans doute, on peut estimer que son goût du faste cadrait peu avec l'idéal démocratique, mais ce n'est pas en France, pays chevaleresque et patrie de toutes les élégances, qu'on pourrait lui faire un crime d'avoir aimé le Panache et la Crânerie, et d'avoir aspiré au titre de *Président-Soleil*. Considérons, en outre, que la brièveté de sa Présidence ne lui a sans doute pas permis de dire son dernier mot. Il savait s'adapter. Peut-être ne lui a-t-il manqué qu'une occasion de se tailler un rôle à la mesure de ses ambitions et, s'il avait gonflé démesurément son image, rien ne prouve, qu'avec le temps, il ne serait pas parvenu, comme l'a dit M. Pierre Mille, à y mettre quelque chose dedans.

———

manqué qu'une occasion de se tailler un rôle à la mesure de ses ambitions et, s'il avait gonflé démesurément son image, rien ne prouve, qu'avec le temps, il ne serait pas parvenu, comme l'a dit M. Pierre Mille, à y mettre quelque chose dedans.

III

AU XIIe ARRONDISSEMENT

J'avais échangé mon poste d'officier de paix du XIXe arrondissement contre celui du XIIe, en octobre 1895. Ce n'était pas pour l'agrément du décor.

Cet arrondissement n'était alors, comme la plupart des arrondissements limitrophes, qu'une sorte de région neutre où Paris se dégorgeait, y reléguant ses usines, ses hôpitaux, ses cimetières et ses prisons. Il portait encore, aux flancs, une plaie avilissante : *Mazas* dont la pioche des démolisseurs allait bientôt le soulager. Le luxe et le confort s'essayaient à y fleurir par endroits. Des caravanserails flambants s'y édifiaient dans le voisinage de la gare de Lyon, elle-même sur le point de s'embellir pour ceindre sa couronne d'impératrice des gares, mais l'ensemble gardait un caractère de provisoire et d'abandon. D'immenses espaces vides s'étalaient un peu partout, au centre et du côté des fortifs, uniquement affectés à l'usage de dépotoirs, où s'amoncelaient des pyramides de gadoue et de mâchefer. Toute l'activité s'en concentrait dans le quartier des *Quinze-vingts*, rue de

Lyon et faubourg Saint-Antoine. C'étaient là les deux points de vie congestionnée, mais qui n'en prenaient pas, pour cela, un visage plus souriant. La rue de Lyon, trait-d'union entre deux gares, s'en voyait noyée d'un éternel ouragan de suie et de fumée. Elle en trépidait d'une alerte perpétuelle, ce qui, sans compter les tourbillons de poussière de son charroi intense, semblait crier aux gens : « Circulez ! On ne stationne pas ici ! »

Ce que l'on peut dire de plus innocent à son endroit, c'est qu'elle n'était pas un lieu de séjour et qu'elle décourageait la musardise et la flânerie. Pour ce qui est de l' « immortel faubourg, » ancien foyer des révolutions, il ne lui restait d'un glorieux passé que sa misère, ses loques, ses logis crevassés, ses cours-sentines, ses galetas à punaises et ses comptoirs à truands. Ce n'est plus les comités de salut public, mais les *bars* qui s'y multipliaient d'une façon inquiétante, empuantissant l'air de relents de trois-six et de furfurol. Et ces relents se mêlaient à des émanations d'encaustique et de vernis, car ce quartier était devenu la pacifique métropole du meuble, fabriqué à la grosse et en série. Le goût des barricades s'y perpétuait, mais ce n'étaient plus que des barricades de meubles sur les trottoirs. Un tas de bazars y étalaient leur camelote. Il était déjà désagréable, pour le promeneur, d'avoir à passer en revue des kilomètres d'armoires à glaces en faux acajou, de salons *rococo* en faux Aubusson, de buffets Henri II en faux noyer, toute la gloire du *simili*, l'idéal du médiocre ; il lui fallait encore, à ce malheureux passant, déployer, à chaque pas, l'énergie du désespoir, pour se débattre contre le racolage têtu des commis de boutique, postés à l'affût des clients. Et, à qui continuait son chemin vers la barrière, ce supplice ne cessait que pour un autre non moins fâcheux, car, le dernier étalage franchi, c'était le quartier de Picpus, l'inexorable quartier des murs. Là, ce n'étaient — ce ne sont encore — que couvents, dispensaires, orphelinats, séminaires, asiles de vieillards, dissimulés derrière des remparts de maçonnerie aveugle, mais qui laissaient filtrer tout ce qui s'y entassait à leur ombre de vies étiolées, d'infirmités, de tristesse résignée et de révoltes muettes. On ne trouvait dans ces lieux qu'une solitude hostile, un silence angoissé, et ces murs filaient droit vers l'horizon, se succédaient les uns aux autres tellement qu'on était pris de l'épouvante de ne les voir jamais finir et que cela tournait au cauchemar. Et puis, sur ce désert de pierre, planait ce nom répulsif de *Picpus*, dont l'ancienne et vraie orthographe *pique-puce* semblait dénoncer une origine endémique, un antique foyer de vermine. A l'opposite, c'était la détresse du quartier de Bercy, avec ses entrepôts délabrés, sa débandade de futailles, et ce revenez-y obstiné de vinasse et d'alcool. Nulle part, une salle de spectacle, un square (1), un monument pour reposer ses yeux, un monument qui ne fût pas une gare, une caserne, une école ou un hôpital. Nulle part, une église où l'art soit intervenu. En somme

(1) On en a construit un, depuis, le square Trousseau, et les cinémas se sont multipliés, mais je parle d'hier.

dans ces trois quartiers des *Quinze-Vingts*, de *Picpus* et de *Bercy*, pas le moindre reflet de vie intelligente, pas le moindre soupçon d'agrément. Et dire que c'est là que se dressait jadis ce fastueux palais de *Romiliacum* (d'où est venu le nom de Reuilly), séjour d'été des rois mérovingiens ! Et dire que ces lieux, où se livraient encore, sous Henri IV, des chasses à courre, étaient restés, jusqu'à la fin du XVIIIe siècle, la villégiature préférée des grands seigneurs, des financiers et des gens du monde. Dire que là s'étalaient des bois ombragés et des perspectives riantes, peuplées de villas luxueuses, de « Folies » où successivement, au cours des âges, Ninon de l'Enclos, Mlle de la Vallière et Mlle Clairon, avaient, à la belle saison, réuni la fleur des beaux-esprits ! Dire que c'est là que le comte d'Artois était venu cacher ses amours avec Mlle de Polastron ! Mais de toutes ces élégances passées il ne reste rien ou si peu de chose ! Seule, une caserne maussade marque aujourd'hui l'emplacement de l'ancien palais du roi Dagobert, et le souverain ne se doutait guère, lorsqu'il considérait ces murs de granit jetés comme un défi aux siècles, que, dans l'imagination populaire, ils dureraient moins que sa culotte.

Paul Verlaine avait habité le quartier des Quinze-Vingts, ancienne résidence et lieu de délices des mousquetaires noirs. J'ai décrit, dans la *Mêlée Symboliste* (1), la pitoyable chambre garnie qu'il y occupait rue Moreau. Verlaine n'avait qu'une idée, s'en éva-

(1) Voir le Tome II de la *Mêlée Symboliste* (Renaissance du Livre).

der. Un jour, où nous passions au pied de la colonne de Juillet, sur la place de la Bastille, il me dit, les yeux levés vers le Génie doré qui flamboie à son sommet :

— Savez-vous pourquoi, là-haut, ce gaillard-là pique un bond si plein d'allégresse ? C'est qu'il s'est enfin dépêtré de mon quartier. Regardez ! il lui tourne le dos. Je voudrais, comme lui, pouvoir briser mes liens et en agiter les tronçons. Son geste est d'excellent conseil qui, d'une torche allumée, nous montre l'écueil à éviter et le bon chemin à suivre, vers les Tuileries et les quartiers civilisés.

Je n'avais pas abordé le fief de MM. Millerand et Paschal Grousset, alors députés du XIIe arrondissement, chargé d'une telle provision d'aigreurs. Si j'en connaissais les inconvénients, j'en connaissais aussi les avantages. Et tout n'y était pas sujet à lamentations. Je savais devoir y trouver le quartier du *Bel Air*, verte échappée sur Saint-Mandé, avec son provincial *Salon des familles*. Je savais devoir y retrouver la vieille fontaine qui avait donné jadis son nom à la place du Château-d'Eau (depuis place de la République) reléguée sur la place Daumesnil, ma pauvre vieille fontaine ornée de lions ridicules, mais dorée par mes souvenirs d'enfance. Je savais qu'il y avait, par là, des quais luisants d'où il ferait bon, les jours de soleil, voir couler la Seine, peuplée de bateaux-mouche, et je savais que j'y allais vivre à l'ombre de Philippe-Auguste et de Saint-Louis, dont l'image, érigée sur la place de la Nation, ne manquerait pas de m'inspirer de sages pratiques de gouvernement.

Sans doute ces deux souverains, diminués par l'ambiance, y faisaient piètre figure. J'avais beau, par vanité d'occupant, m'obstiner à débaptiser la place de la Nation, pour lui restituer son ancien nom de Place du Trône, je sentais bien que je ne pouvais éveiller dans l'esprit de mes auditeurs autre chose qu'un souvenir peu enchanteur de godailles populacières. Ces deux colonnes royales, elles-mêmes, loin de projeter un reflet de pourpre aux alentours, semblaient plutôt les poteaux-réclame de la foire aux pains d'épices. Mais ce qui m'avait surtout décidé à solliciter ce poste du XIIe, c'est le logement à la mairie. J'étais marié depuis un an, nouvellement père d'une fillette. L'économie d'un loyer n'était pas à dédaigner, et la mairie où j'allais m'installer se dressait à l'écart, dans les steppes de l'avenue Daumesnil, comme un îlot oublié, au milieu d'un lac de silence, propice au recueillement. J'allais pouvoir m'imaginer vivre dans l'un de ces châteaux de la Loire, bâti sur pilotis, quelque chose comme un Azay-le-Rideau en miniature, une réduction de Chenonceaux, et m'y prélasser en maître souverain.

Et puis, le XIIe arrondissement qui avait perdu Verlaine, avait gardé Courteline. Tout le monde y parlait de lui. Chaque soir, avant de prendre son train, place de la Bastille pour regagner son domicile avenue de Saint-Mandé, il s'arrêtait, paraît-il, au Café de la Gare. Les indigènes allaient l'y contempler avec curiosité. J'avoue ne l'y avoir jamais rencontré, peut-être parce que je n'ai jamais eu l'occasion de fréquenter le *Café de la Gare*, mais, enfin, je savais que

Courteline n'était pas un mythe et qu'il constituait à lui seul toute la gloire littéraire de mon arrondissement. Je savais que, grâce à lui, cet arrondissement ne faisait pas partie du territoire des *illettrés* et ne figurerait pas, comme tel, sur la carte de la *Grande Anthologie* dressée par un anonyme que je soupçonne fort être l'excellent poète Charles Derennes.

Je pensais donc pouvoir filer là des jours tranquilles, autant qu'il l'est permis à un homme de qui la fonction exige d'être toujours en alerte, et je ne me doutais pas que j'allais y déchaîner une tempête d'encriers.

IV

ASSASSINÉ PAR LA POLICE !

Jamais je ne m'étais éveillé si joyeux que ce matin
là. Certes, j'avais sujet de me réjouir, puisqu'il faisait
soleil et que c'était mon jour de congé mensuel. La
vie administrative vous crée ainsi une spécialité de
petits plaisirs qu'ignorent les gens indépendants et
que je les plains d'ignorer. L'espoir de ce jour attendu suffisait pour dorer ma captivité et alléger ma
chaîne. J'en voyais luire l'échéance, au bout de mes
trente jours ténébreux, comme une clarté tombée
des cieux ouverts. Pourtant ma joie, ce matin là,
plus aiguisée que de coutume, passait la mesure, à
ce point que j'y flairai quelque chose d'anormal, sans
pouvoir discerner, comme je l'ai fait depuis, qu'elle
n'était que le pressentiment de l'orage qui allait
fondre sur moi. Il y a de ces pressentiments que j'ap-
pellerai, faute de mieux, des pressentiments à *rebours*,
tel, par exemple, celui d'une maladie, prête à éclater,
qui se manifeste par un chatouillement agréable dont
on s'applaudit comme d'un épanouissement de santé.
C'est toujours quand un éclair trop vif d'allégresse

vous traverse à l'improviste, qu'il faut se défier des ruses du sort. L'on n'a jamais le sentiment si brusque de sa chance qu'à la minute même où elle se met à tourner sous l'impulsion d'un vent contraire. Comment expliquer, si je n'étais le jouet d'un démon malin, que j'aie recommandé, ce jour là, à mes secrétaires : « J'ai vingt-quatre heures à moi. J'entends en profiter pleinement. Quoiqu'il advienne dans l'arrondissement, d'ici jusqu'à minuit sonné, je ne veux rien savoir ! » ce qui leur parut tellement contraire à ma manie de les harceler de télégrammes et de coups de téléphone, même en dehors de mes heures de service, pour m'instruire des plus futiles incidents survenus dans l'étendue de mon ressort, que je les vis échanger entre eux un regard d'étonnement.

Là-dessus, je m'éloignai avec ma femme, ma fillette dans les bras, si guilleret qu'il s'en fallût de peu que je ne me fredonnasse le refrain que Paulus avait mis à la mode à l'époque du boulangisme et qui courait encore les faubourgs :

> Gais et contents,
> Nous partons triomphants
> Le cœur à l'ai...ai...se !

Nous devions passer la journée à Vincennes, où logeaient mes parents, dîner chez eux après une promenade au bois, et rentrer de bonne heure à cause du bébé. A huit heures précises, nous prenions le tramway du retour. Mon démon malin m'avait si peu quitté que je ne m'émus nullement, dès la barrière fran-

chie, du tintamarre d'une nuée de camelots gueulant
à pleins poumons : « *Un crime de la police !* » Pensez
un peu si mon démon mettait de l'acharnement à me
réduire ! Voilà un cri qui, en toute autre circonstance, m'eût produit l'effet d'une torpille électrique,
et qui me laissait tellement indifférent que les dits
camelots s'étant, à la faveur d'un arrêt du tramway,
avancés jusque sur la plate-forme, pour y offrir leur
feuille aux voyageurs, je n'eus même pas la tentation
d'en acheter une. Et, pourtant, les camelots disaient,
pour amorcer la curiosité des gens. « C'est un brave
homme que les flics ont assommé. » Je n'avais donc
plus à douter de la nature du fait divers. Il s'agissait
bien d'un scandale à la police municipale où l'un
de mes collègues allait se trouver compromis et dont
il aurait à pâtir. Or, non seulement je n'arrivais
pas à être remué, tant j'étais lié par une sorte de malé-
fice, mais un sentiment indéfinissable se faisait jour
en moi, où j'avais peur de démêler une coupable satisfaction, comme si j'étais de nature à me réjouir
du malheur d'autrui. C'était un sentiment voisin
de celui qui vous pousse inconsciemment à rire, en
voyant un passant s'étaler dans la rue ou en enten-
dant, de l'intérieur de l'omnibus, le conducteur jeter
« *Complet !* » à la foule des voyageurs qui, leur
numéro d'ordre en mains, se bousculent dans la boue
et se morfondent sous l'averse.

Et mon démon malin me soufflait : « Puisqu'il ne
s'agit pas de toi, jouis de ta veine et laisse le frère se
débrouiller ! »

Quel autre que ce démon aurait pu, quand nous

arrivâmes à la mairie, à neuf heures du soir, me faire trouver ouverte la grille de la cour, régulièrement fermée à huit heures, ce qui me permit de réintégrer mon logis à l'insu de mes agents, sans paraître à mes bureaux, dont il m'eût fallu, sans cela, emprunter le passage ?

Ce que je goûtais, surtout, dans mon jour de permission, c'était la faculté qu'il me laissait de me coucher tôt, alors que les autres jours il me fallait veiller fort tard. Je n'y manquai pas ce soir là, et bientôt, ma famille à mes côtés, je m'endormis du sommeil du juste.

Au cours de mon sommeil, je perçus de vagues clameurs, un mouvement de foule inusité dans ces parages déserts, des coups de sifflets, des cris, des huées, mais on était dans la semaine des fêtes du 14 juillet, je ne m'en inquiétai pas davantage et je me rendormis. Tout à coup, ma femme, se dressant inquiète, m'éveilla. Les clameurs redoublaient. On criait : « Mort aux vaches ! » « Mort à ceci ! Mort à cela ! » Je me levai et m'approchai de la fenêtre. A travers les rideaux, j'aperçus un attroupement que mes gardiens dissipaient. Je fis craquer une allumette et consultai la pendule. Onze heures à peine : « Bast ! dis-je, quelque histoire de poivrot arrêté que ses copains réclament. C'est la saison des libations prolongées et la température s'y prête... Je ne suis pas de service ! » et je me recouchai. Ma femme continuait à s'énerver. Pour la tranquilliser, je plaisantai et lui dis, faisant allusion au décor Louis XVI de la chambre à coucher:

— Penses-tu qu'il s'agisse d'une révolution et que la foule vienne chercher la famille royale à Versailles pour la ramener à Paris ?

Enfin le calme revint. Une pluie d'orage qui se mit à tomber n'y demeura pas étrangère. On n'entendait plus rien que le pas de la sentinelle, qui allait et venait régulièrement sous nos fenêtres.

— Tu vois, dis-je à ma femme rassurée, Leurs Majestés sont sous bonne garde !

Et je me réembarquai pour le pays des songes.

Au point du jour, mon ordonnance, Pierrard, qui logeait au dehors, mais qui avait les clefs du logement, vint frapper à la porte de la chambre. Je m'étonnai d'une irruption si matinale. Il me dit, car c'était un campagnard des Ardennes, demi-compatriote et vaguement parent, auquel je pardonnais son franc parler à cause de son zèle et de son attachement :

— Vous ne savez donc rien ? Vous n'avez donc pas entendu le grabuge de cette nuit ? Vous l'avez échappé belle. Le *populo* voulait vous faire votre affaire. Si vous étiez tombé entre ses mains, vous étiez sûr d'être écharpé.

— Vous plaisantez ?

— Pas le moins du monde. Lisez plutôt !

Et il me jeta un placard, imprimé de la veille, où j'étais traité de la belle façon. On m'y rendait responsable de la mort d'un charretier, survenue à la suite d'un passage-à-tabac au poste du *Bel-Air* et j'y étais peint de couleurs si noires que les folies sanguinaires d'un Tibère ou d'un Néron n'étaient plus, au prix des miennes, que des distractions innocentes.

C'est ce placard distribué la veille à la sortie d'une réunion publique tenue dans les environs qui m'avait valu cette véhémente manifestation.

Mon ordonnance se hâta d'ajouter pour en détruire la fâcheuse impression :

— Ce que racontent les journaux, c'est de la frime. Vos secrétaires ont déjà fait une enquête hier. Le tout se ramène à rien, mais à la « Boîte » on n'a cessé de télégraphier, dans la soirée, pour demander des renseignements. Le chef exige de vous, un rapport, ce matin, à la première heure, et c'est de quoi je suis venu vous prévenir.

Je m'habillai d'un trait et descendis à mon bureau, où je trouvai, avec un amas de télégrammes pressants du directeur de la Police Municipale, tous les éléments d'une enquête ouverte par mon personnel, qu'il ne me restait plus qu'à mettre en ordre et vérifier.

Les faits se réduisaient à ceci :

Un cocher livreur nommé Jean Blazy, au service d'un sieur Buisson, négociant en vins, rue Rivay, à Levallois-Perret, avait au cours de ses livraisons, dans l'arrondissement, laissé glisser par mégarde de son camion et perdu le cordage qui lui servait à relier son chargement de fûtailles. Il en était venu faire la déclaration au commissariat de police, situé dans les bâtiments de la Mairie. Là, il avait appris que son câble avait été ramassé sur la voie publique par un passant et déposé au poste de la rue du *Rendez-Vous* où il était allé le reprendre, et d'où il était sorti comme il était venu. Donc, ni arrestation, ni discussion, ni passage-à-tabac. C'est ce que je résumai dans mon rapport à mon chef, mais ce rapport, communiqué à la presse, loin de calmer les polémiques, ne fit que de les enfiévrer.

« Ce rapport » s'écriaient les journaux d'opposition « c'est le bouquet ! » Il est vrai que je n'avais pas hésité à qualifier leur récit de « mystification ». Le mot les avait fait bondir, et pour prouver que mon rapport était mensonger, un *reporter* s'était livré à une information concluant à ma responsabilité, et dont il étalait les résultats dans le numéro du *Radical*, paru le dimanche 19 juillet 1896, sous ce titre flamboyant :

ASSASSINÉ PAR LA POLICE

Il prenait soin de souligner qu'il n'avait entendu que des gens dignes de foi, d'une honorabilité parfaite, ce qui, même établi, n'aurait eu aucune importance, puisque ces gens ne savaient de l'affaire que ce que Blazy leur en avait raconté ; il leur avait dit : « Des vauriens voulaient me voler mon câble. J'ai couru après eux et leur ai flanqué une correction. Par malheur, les agents sont intervenus. Je les ai bousculés — sans le vouloir — ils m'ont emmené au poste de la rue du *Rendez-Vous* et m'ont salement cogné. » Les témoins ajoutaient : « Nous avons vu la trace des coups, le pauvre garçon avait le corps tout noir, il a dû interrompre son travail. Deux jours après, il s'est alité pour ne plus se relever. Il est mort de ses blessures le matin du 14 juillet et le médecin de l'état-civil a refusé le permis d'inhumer ».

Il était donc exact que le charretier avait été frappé,

mais par qui ? J'aurais pu supposer un « passage-à-
tabac » dans un autre arrondissement, s'il n'avait
persisté à mêler à son aventure l'histoire de son câble
et à désigner le poste de la rue du *Rendez-Vous*. Et
l'enquêteur du *Radical* avait beau chercher à influen-
cer l'opinion en donnant Blazy comme le modèle et
le parangon de toutes les vertus, incapable d'altérer
la vérité, il y avait dans ses déclarations autre chose
encore qui me laissait douter de sa bonne foi.

D'après sa version, il ne serait rentré en possession
de son câble que le lendemain du jour de son
arrestation. Il serait allé le réclamer au poste. On
ne le lui aurait remis que contre une somme de
cinquante francs, destinée à arrêter les poursuites.
On lui aurait délivré reçu de la somme, mais le
comble ! c'est que, le jour suivant, Blazy convoqué à
la Préfecture de Police se serait vu confisquer le reçu !
Joli sujet de polémique.

Je reproduis ici, telle que la donnait le *Radical*, la
déclaration d'un témoin, le sieur Tocaben, menuisier
et voisin de l'infortuné charretier. C'était la perle de
l'enquête, je m'en voudrais d'y changer un mot.
Oyez plutôt :

« Jean était un vrai papa-gâteau, il aimait beaucoup mon petit garçon Henri, qui a huit ans, et,
souvent, il l'emmenait pour le promener ; il lui mettait un petit tablier et disait en plaisantant : « c'est
mon premier commis ».

« Le 9 juillet, le lendemain de son affaire avec la
police, il emmena mon bambin, et, vous le savez, les
enfants, cela voit tout.

« Mon garçon, en rentrant, raconta sa promenade dans Paris. Il était allé à la gare d'Orléans (?) avec son ami Jean. Tout à coup, il s'écria : « Oui, et puis M. Jean, il a parlé avec des sergents de ville, et puis il est allé chez le commissaire, avec eux, et puis, il a donné de belles pièces au commissaire. »

« Ma femme l'interrogea sur ce point qui lui semblait étrange, mais l'enfant répéta et dit : « Oui, il a donné de belles pièces dorées comme tu m'en as montré, deux grandes et une toute petite. »

« Or, dans la soirée, Jean me raconta qu'on lui avait rendu sa corde et que son affaire était arrangée, mais que cela lui coûtait cinquante francs.

« Mon gamin avait bien vu deux pièces de vingt francs et une de dix, cela fait cinquante francs !

« Jean m'a parlé du reçu, mais il m'a dit qu'il avait dû le rendre. Je crois cependant qu'il l'a montré à des amis de Levallois. On l'a vu, j'en suis sûr.

« Eh bien ! que va-t-on faire ? on ne va pas laisser la mort de ce pauvre garçon comme cela. Et sa pauvre femme, qui a cinquante-sept ans, que va-t-elle devenir ? »

Et le *reporter* faisait suivre la déclaration de cette note :

« Pour toute réponse, nous avons montré à M. Tocaben la note communiquée par le cabinet du préfet, et nous l'avons laissé profondément indigné ».

Avouez que c'est parfait comme *tremolo* et qu'il y avait là de quoi arracher des larmes aux lecteurs les plus insensibles. Le malheur est que toute cette argumentation s'échafaudait à vide et que personne n'avait vu le reçu des 50 francs.

On fait dire ce que l'on veut aux enfants.

C'est en vain que le *reporter* avait battu tout Levallois-Perret, à la recherche d'un témoin à qui Blazy aurait montré son reçu. Et cette histoire de cinquante francs me semblait pourtant le nœud de l'affaire qu'il eût été indispensable de tirer au clair.

Bien entendu, il n'en avait jamais été question ni au poste, ni au commissariat, ni à la Préfecture de Police. Blazy avait-il imaginé son récit pour dissimuler une perte d'argent ou un abus de confiance? ou voulait-il simplement, si l'argent lui appartenait et qu'il l'eût dépensé en godailles, s'en excuser auprès de sa femme? Le plus probable est qu'il avait eu une discussion avec des individus de son bord, dans des circonstances qu'il voulait garder secrètes et où l'on s'était sérieusement colleté, car Blazy n'était pas le travailleur sobre et régulier dont la presse ennemie voulait accréditer la légende. Sa mort avait donné lieu à une enquête judiciaire et l'autopsie avait révélé, aux lésions des organes, des traces d'alcoolisme invétéré.

Mais les meneurs de la campagne ne se tenaient pas pour battus. Le tartinier du *Radical* poursuivait son enquête. Il interpellait tous les gens du quartier et comme il n'en pouvait rien tirer d'utile à sa cause, il concluait : « Les gens se taisent par peur de la police... On sent que l'officier de paix a passé par là. » Je ne me serais jamais cru si habile diplomate. Le feu finit par s'éteindre, faute d'aliment. Je n'en pouvais tirer aucun dommage, sauf de me voir injurier dans les journaux. Bien mieux, j'allais recueillir le fruit de cette stupide levée de boucliers et m'enrichir de son expérience. Chaque fois, que, par la suite, un agent de la sûreté, chargé de cuisiner et de faire trébucher dans les pièges de son interrogatoire un détenu contre lequel il n'existait que des présomptions de culpabilité, revenait me dire : « Oh ! c'est un malin... Pas de danger qu'il se coupe ! Il a réponse à tout », je songeais à la phrase de l'enquêteur du *Radical* : « L'officier de paix a passé par là ! » et j'étais bien près de parier que mon inculpé, prétendu malin, n'était à tout prendre, qu'un vulgaire innocent.

V

NICOLAS II A PARIS

Le 10 septembre 1896, c'est-à-dire à l'époque où l'Empereur Nicolas II et l'Impératrice de Russie s'apprêtaient à quitter leur capitale pour venir en France, je recevais, comme officier de paix, avis de mon changement d'arrondissement. Du XIIe je me voyais promu au VIIe, en la même qualité. J'allais donc être chargé de la garde des souverains, puisque l'Ambassade de Russie, où ils devaient descendre, faisait partie de mon nouveau territoire. C'était me mettre à l'honneur, outre que la simple attribution de ce poste constituait déjà une faveur appréciable, par cela seul qu'il mettait son titulaire en rapports constants avec le monde du Palais-Bourbon, des ministères et des ambassades. Je ne l'avais pas sollicité. J'y avais été, à mon insu, nommé par arrêté spécial de M. Lépine, ce qui était contraire à l'usage. D'ordinaire, les Préfets de Police laissaient le Directeur de la Police municipale (alors M. Gaillot) maître de ses choix, en pareille matière, et se bornaient à enregistrer ses décisions. Si M. Lépine avait jugé ici nécessaire d'intervenir, c'est qu'il avait sans doute ses raisons qu'il ne m'a jamais dites. Je suppose qu'il avait voulu, par une résolution subite, soit étouffer dans l'œuf le marchandage des compétitions autour d'un poste trop convoité, soit barrer la route à quelqu'un. Et je suppose, encore, que s'il m'avait choisi, ce n'était pas, comme le prétendait un journaliste des *Débats*, à l'imagination trop ornée, par une sorte de coquetterie à l'adresse des Souverains Russes, ni le souci de les mettre, en leur déléguant un fonctionnaire-poète, sous la protection des Muses, mais parce qu'il me savait d'humeur paisible, franc de toute ambition vulgaire, dénué de tout esprit de cabale et d'intrigue, incapable de me faire un marchepied de mes relations pour décrocher un crédit personnel susceptible de lui créer des difficultés.

Je n'avais donc pas une minute à perdre pour m'aboucher avec les autorités de mon arrondissement, m'initier aux rouages de mon nouveau service, de façon à pouvoir prendre, en connaissance de cause, toutes dispositions utiles en vue des cérémonies projetées. Paris n'avait pas tardé à se pavoiser et à prendre son air de fête. Ce n'étaient partout que mâts d'oriflammes, trophées de verdures, girandoles et motifs lumineux. Les ouvriers avaient pris possession de l'Ambassade, comme si cet hôtel somptueux n'eût été qu'une bicoque inhabitable, où tout était à refaire. Le garde-meuble national y avait versé les plus belles pièces de ses collections en mobilier et en tapisseries. La cour d'honneur, transformée en jardin, offrait un coup d'œil féerique avec ses parterres de fleurs de nuances variées, où le mauve des iris, des violettes, des cyclamens, des lilas, couleur préférée de l'Impératrice, dominait. De chaque côté du portail, se dressaient de hauts pylônes, surmontés d'une boule dorée, reliés par un lacis de glycines dont les fleurs retombaient en lourdes grappes ; un vrai décor d'opéra.

Je n'avais à me préoccuper que du service extérieur et des abords de l'Ambassade. M. André, commissaire de police aux brigades de recherches, homme de confiance de M. Puybaraud, était, sous la haute direction du Préfet de Police, chargé de tout ce qui concernait la surveillance intérieure. C'était l'homme indiqué, puiqu'il était commis spécialement à la surveillance des anarchistes. Il avait réputation de fin matois et de bon vivant, et promenait en tous lieux, avec satisfaction, une corpulence replète, une mine éveillée, et une magnifique barbe blonde à la Gambrinus. Au demeurant, un franc luron, alerte et cordial, et dont je n'eus qu'à me louer dans la circonstance. Il se mit avec bonne grâce à mon entière disposition et s'employa à me faciliter la tâche. On était allée jusqu'à faire évacuer les caves des immeubles voisins pour y installer des agents et, par excès de précaution contre tout attentat possible, André avait incorporé, parmi le personnel de l'Ambassade, des hommes de sa brigade, travestis en valets, en garçons de cuisine et en maîtres d'hôtel, recrutés, suivant leurs aptitudes, parmi ceux qui avaient quelques lueurs de ces fonctions.

J'étais littéralement sur les dents, et je n'avais pas seulement à me préoccuper des choses de service, j'avais encore à subir l'assaut des quémandeurs de coupe-file, pour la durée des fêtes. Il va sans dire que le souci de ma responsabilité m'inclinait à la prudence et que j'évinçais sans pitié la majeure partie des solliciteurs, mais comment ne pas faire plier la consigne, quand ces solliciteurs étaient le prince Bonaparte, le comte de Montesquiou ou la duchesse de Magenta ? Tout le faubourg Saint-Germain était en effervescence, et ceux dont les fenêtres ne donnaient pas sur le parcours du cortège voulaient prendre aussi leur part du spectacle. Les plus huppés de mes administrés à particules se faisaient un point d'honneur d'affirmer par leur présence leur attachement au principe d'autorité. Ce n'était pas tous les jours qu'il leur était donné de pouvoir impunément crier « Vive l'Empereur ! » à gorge déployée, ni d'afficher leur foi royaliste en acclamant deux têtes couronnées.

Enfin, le mardi 6 octobre 1896, à 10 heures du matin, leurs Majestés débarquaient à la gare du Ranelagh. Le Président de la République, M. Félix Faure, était allé au devant d'elles à Cherbourg, accompagné des membres de sa maison militaire et de sa maison civile, du président du Conseil, M. Méline, de M. Hanotaux, ministre des Affaires étrangères, et du comte de Montebello, ambassadeur de France à Saint-Pétersbourg.

De la gare à l'Ambassade, à travers les Champs-Elysées et le boulevard Saint-Germain, la chaussée avait été déblayée. Une double haie de soldats d'infanterie maintenait sur les trottoirs la foule frémissante. J'arpentais en tous sens la portion du boulevard confiée à ma vigilance, lorsqu'une immense clameur m'avertit de l'apparition du cortège. Je tournai la tête. Je vis flamboyer à l'horizon les premiers casques de l'escorte. Un soleil radieux venait de percer les nuages, juste à point, comme au théâtre au lever du rideau le jet puissant d'un projecteur électrique, pour illuminer la scène. La marche s'ouvrait par un escadron de gardes républicains, centaures géants, s'avançant au pas, dans un ordre si parfait que l'on eût dit un bloc homogène, une machine de guerre, prête à tout broyer sur son passage pour aplanir et assurer les voies, mais les voies sont libres et le cortège n'est plus, à leur suite, qu'un déroulement d'apothéose. Partout éclatent des musiques, des fanfares de cuivre et des sonneries de tambours. Une allégresse gonfle les poitrines, fait claquer les drapeaux et palpiter les façades pavoisées. C'est un tonnerre d'acclamations où se mêle, par instants, celui des canons du Mont-Valérien, car les hommes n'ont rien imaginé de mieux, pour exalter leurs joies, que d'y mêler le bruit de la mort. Ils veulent, pour ragoût suprême de leurs réjouissances, y respirer l'odeur de la poudre homicide et revivre, avec les pétards et les flammes de bengale, l'émoi des sinistres et la panique des villes incendiées. Mais, à vrai dire, cette ivresse populaire est contagieuse, et voici que je sens frémir en moi, à la vue de nos soldats, les aspirations de ma race, un long passé de fièvre

chauvine et belliqueuse. Aux gardes républicains succèdent les cuirassiers, casqués à la façon des guer-
riers antiques, dont l'armure étincelle au soleil et
dont les crinières noires flottent au vent ! C'est l'espoir
de la Revanche que m'apportent ces fils et ces petits-
fils des héros de Reichshoffen. Quelle mâle prestance ils ont ! On dirait qu'un air de défi les redresse
sur leur selle et je ne sais ce que je dois le plus admi-
rer de la vigueur ou de l'aisance de leurs mouvements.

Derrière les cuirassiers, symphonie rouge et or,
déferle un flot de cavalerie légère, hussards aux dolmans bleus, soutachés d'un treillis blanc ; dragons
aux lances ornées de flammes multicolores, et c'est,
dans l'air, comme un ballet de couleurs chatoyantes.
Les escadrons défilent, que relie, dans les intervalles, comme le fil de soutien d'un collier, la
silhouette isolée d'un officier à cheval.

A l'armée métropolitaine, l'armée d'Afrique a voulu s'associer pour rendre hommage à nos illustres
visiteurs.

Voici les chasseurs bleus et les spahis rouges, traînant avec eux, sous le ciel de Paris, la vision du
désert et des villages nègres. Et voici les cavaliers
arabes dont la figure de bronze, la barbe vierge et
l'ample burnous blanc gardent un reflet des temps
bibliques. Ils encadrent le groupe des Caïds et des
chefs tunisiens. C'est tout l'Orient qui s'offre avec
ces seigneurs à turbans, aux longs cimeterres recour-
bés, aux armes orfévrées, incrustées de pierreries,
impassibles sur leurs petits chevaux nerveux, fils des
vents, harnachés et caparaçonnés d'étoffes de soie

lamées d'or. Quelques-uns portent, lié aux épaules
comme une sorte d'emblème héraldique, l'énorme
chapeau de plumes d'autruche, dit *l'arrouich*, et, à
l'arçon, une peau de tigre ou de panthère, signe dis-
tinctif de leur grade ou de leur valeur. On songe au
cortège des rois Mages en route vers Bethléem. On
songe, plus exactement encore, devant ce déploiement de richesses, aux fastes des Mille et une Nuits.

Et voici (autre miracle !) avec les équipages armo-
riés, les cochers à perruques, les valets en livrée de
gala, la reconstitution des splendeurs auliques de
l'ancienne France, et comme un rappel des beaux
jours de Versailles.

En tête des équipages, caracole, sur son superbe
alezan, le piqueur Montjarret, en habit bleu à galons
d'argent, qui semble surgi tout frais d'une vieille gravure du temps de Louis XV.

Il précède le landau impérial, attelé à la Daumont
de quatre chevaux, montés de postillons aux casaquins
de couleur. Ce landau n'est plus qu'une corbeille de
fleurs. Félix Faure s'y tient à l'avant, en habit noir,
la poitrine barrée du cordon bleu de l'ordre de
Saint-André. En face de lui, le fond de la voiture est
occupé par les puissants souverains du vaste empire
du Nord. Le Tsar porte l'uniforme de Colonel du
régiment Prédbrajenski, vert à aiguillettes d'or, avec
le bonnet d'astrakan et, en sautoir, le grand cordon
rouge de la Légion d'honneur. La Tsarine est en robe
blanche, à collet de satin de même couleur, garnie,
à l'ourlet, de trèfles d'or brodés, avec boa de plumes.
Lui, souriant, répond aux vivats par le salut mili-

taire. Elle, s'incline gracieusement sous son ombrelle de dentelles blanches et, derrière eux, se profile la silhouette énorme de deux cosaques rouges, faisant l'office de valets de pied, image de la Russie violente et barbare, subitement dressée dans ce concert d'élégances et d'artifices de Cour.

Et les landaus succèdent aux landaus, où la suite des souverains a pris place, mêlée aux ministres et aux personnages officiels, escortés d'officiers d'ordonnance et d'un détachement de cuirassiers. Les toilettes fleuries des dames, les fracs brodés des diplomates, les épaulettes dorées, les dolmans blancs, verts ou écarlates des gradés militaires, s'exaltent à côté du sévère habit noir. Les chapeaux haut-de-forme, voisinant avec les aigrettes, les bicornes à cocarde, les schapskas de fourrure et les casques, où s'éploie au cimier l'aigle bicéphale, en soulignent la magnificence et en avivent la splendeur. La foule, en veine d'acclamations, acclame tout le monde. Le cortège se disloque à l'entrée de la rue Saint-Simon, qui mène à l'Ambassade. Là, tout le personnel est sur pied. Le vestibule est encombré d'une foule de gens chamarrés, d'huissiers parés et pomponnés comme des pages. Un Suisse, vêtu de couleurs tendres, sa hallebarde en main, s'y tient sur le perron, en haut des marches, avec un nœud de rubans bleus sur l'épaule, et, sur la poitrine, une écharpe de soie rose à glands d'or. Sa haute silhouette se découpe sur un fond de palmes vertes et de gerbes fleuries, et ce décor pastoral accentue sa ressemblance avec un berger de Florian.

S. E. le baron de Morenheim est aussi là, en costume d'apparat, entouré de l'élite de la colonie russe à Paris. C'est un grand vieillard sec, à monocle, luisant et cosmétiqué, avec un long nez et des favoris blancs en côtelettes à la François-Joseph. Il se porte en avant pour recevoir ses souverains et, dès qu'ils ont mis pied à terre, leur présente, suivant le rite, le pain et le sel. Puis, l'intendant de la maison impériale, M. Béranger, offre à l'Impératrice une énorme gerbe de fleurs, aux couleurs de la ville de Paris, rouges et bleues. C'est l'hommage du Conseil municipal et de son Président, M. Baudin. Nos hôtes prennent alors congé du Président de la République et pénètrent à l'intérieur de l'Ambassade, devenue, pour la durée de leur séjour, palais impérial et sur lequel on vient de hisser le pavillon jaune orné de l'aigle noir.

Quelques instants après, survenait, par la rue de Rennes et le boulevard Saint-Germain, un autre cortège également acclamé, celui de la grande-duchesse Olga, bébé de six mois, que ses parents avaient quittée à Versailles pour se rendre à la gare du Ranelagh, la laissant, avec sa « nurse », ses demoiselles d'honneur et sa gouvernante, la baronne générale Frédérickz, continuer sa route jusqu'à la gare Montparnasse. Tout le personnel de sa maison la suivait, sans compter *Lofki*, un superbe lévrier, le chien familier du Tsar, qui, l'œil émerillonné, semblait très satisfait de son voyage et prendre sa part des acclamations.

Alors commence un va-et-vient de notabilités venant saluer les souverains : Mme et Mlle Félix Faure ; Mme Carnot, impressionnante en costume de deuil ;

et son fils, en uniforme de capitaine, le prince de Joinville, le duc de Penthièvre, le duc d'Alençon, le comte d'Eu...

A ce moment la foule, refluée des autres points, se faisait plus dense sur les trottoirs de la rue Saint-Simon et de la rue de Grenelle, touchant l'Ambassade. On savait qu'après déjeuner, leurs Majestés se rendraient à l'église russe de la rue Daru, d'où elles reviendraient pour recevoir les Ministres, le Président du Sénat (M. Loubet), celui de la Chambre (M. Brisson), et le corps diplomatique, puis la réception terminée, s'en iraient dîner à l'Elysée, non plus dans des landaus découverts, mais dans des carrosses dorés, et cela suffisait pour tenir les curiosités en éveil.

VI

LE PRINCE HENRI D'ORLÉANS

Après le passage du premier cortège, on avait laissé
la circulation se rétablir ; il fallait l'endiguer à nouveau pour la visite à l'église russe. Tandis que je m'y
employais sur le boulevard Saint-Germain, à hauteur
du ministère de la Guerre, j'aperçus un jeune homme
perdu dans la foule qui faisait de vains efforts pour
s'en dégager et parvenir jusqu'au premier cordon
d'agents. C'était le prince Henri d'Orléans. Il n'y
avait pas d'homme plus simple de façons, et la
manière dont j'avais fait sa connaissance donne assez
la caractéristique de son humeur. Il était venu au
commissariat de la porte Saint-Martin (lorsque j'y
étais encore secrétaire), comme un vulgaire particu-
lier, solliciter mon intervention dans une affaire
d'ordre privé. Il m'avait tendu sa carte le plus natu-
rellement du monde et m'avait exposé son cas avec
une netteté à laquelle j'étais peu habitué de la part de
ma clientèle ordinaire. Pas un mot inutile, pas une
observation déplacée, pas le moindre souci de
m'éblouir ou de me prévenir en sa faveur, pas une

allusion à sa situation privilégiée. Il réclamait son droit strict de citoyen lésé, et cette détermination qu'il avait prise de s'adresser directement à un fonctionnaire obscur, mais seul capable de lui faire obtenir satisfaction, était un signe de la qualité de son jugement. Un autre aurait perdu son temps et laissé s'envenimer les choses à mettre en branle toute la hiérarchie administrative; lui, avait agi comme un homme de bon sens qui, pour éteindre un commencement d'incendie, appelle les pompiers de la caserne la plus proche, sans se donner répit de les faire prévenir par l'état-major de la place, sous prétexte qu'il y a ses entrées.

La promptitude avec laquelle le danger fut conjuré lui prouva qu'il avait été bien inspiré, et il avait poussé la courtoisie jusqu'à me faire une visite de remerciement. Depuis, je l'avais rencontré, à deux ou trois reprises, flânant seul, sur les boulevards, où il se figurait passer inaperçu, bien que nul ne trahît plus que lui l'éclat d'une haute naissance, par le charme et la distinction de sa personne. J'en avais reçu l'impression en le voyant entrer, pour la première fois, dans mon cabinet. Pâle, svelte et dégagé, un fil de soie blonde aux lèvres, il était surtout reconnaissable au bleu de ses yeux, un bleu si pâle qu'il prêtait à son regard, étonné et rêveur, quelque chose d'émouvant. C'était bien là le prince charmant, celui qu'imaginent les jeunes pensionnaires de couvent, dans leurs rêveries au clair de lune. Je lui fis ouvrir passage. Il me dit qu'il venait déposer sa carte à l'Ambassade et, pour qu'il pût s'y rendre

sans encombre, je m'offris à l'accompagner. « Je
n'osais pas vous en prier », me répondit-il courtoi-
sement, et nous voilà cheminant ensemble comme
deux amis. Il rentrait d'un voyage aux Pyrénées,
peut-être de plus loin encore, car c'était un hardi
explorateur. Il me parla de ses impressions de tou-
riste et d'un littérateur connu, avec lequel il s'était
rencontré à Biarritz. Sa carte déposée, après m'avoir
serré la main, il s'éloigna par la rue de Grenelle,
tandis que je regagnais mon poste d'observation par
la rue Saint-Simon, traversant cette foule blasonnée,
tout ce petit précis de l'armorial de France qui y stationnait, affrontant, pour l'amour du Tsar, les inconvénients de la cohue. Cette foule, qui me voyait
d'ordinaire passer avec un regard indifférent ou dis-
trait, m'accueillit cette fois avec une explosion de
sourires et de murmures flatteurs. J'ai cru qu'elle
allait me faire une ovation. C'était à qui m'adresse-
rait révérence. Ces dames s'écriaient : « « Comment,
vous connaissez le Prince ! » — « Ah ! ma chère ;
il connait le Prince ! » Je me sentais du coup monté
en grade dans leur estime et parvenu au zénith
de la considération. « Un joli chapitre, pensais-je,
à écrire sur la vanité du monde, si j'avais la plume
de Saint-Simon ! » Ce nom de Saint-Simon brill-
lait, inscrit en lettres blanches aux quatre coins de
la rue, sur une plaque d'émail bleue, et je m'égayais
du hasard qui le faisait témoin de cette petite émeute.
Si quelque chose du grand historien vivait encore
dans son nom, il pouvait constater combien les préjugés sont tenaces, et que les descendants des nobles

qu'ils a connus restent toujours obsédés de questions de préséance. Et je me récitais les vers de Bois-Robert à Richelieu, disant des hobereaux normands :

> Tant qu'ils ont vu que faveur m'a duré,
> Dieu sait comment, ils m'ont tous honoré...
> On me tirait le chapeau dans la rue
> On m'adorait, et les plus apparents
> Payaient d'Hozier, pour être mes parents.
> J'ai vu tel noble, illustre de naissance,
> Qui se vantait d'être en mon alliance,
> Et me disait, venant m'entretenir,
> L'Honneur que j'ai de vous appartenir.

Le ridicule est incorrigible et je venais d'éprouver que, plus d'un siècle après la Révolution, c'est toujours à la faveur que se mesurent les hommes.

VII

A LA TABLE DU TSAR

Du séjour impérial à Paris, j'ai, en dehors des faits publiquement connus et relatés, gardé mémoire de deux incidents particuliers, de nature dissemblable. Voici le premier :

Les souverains ne devaient rester à Paris que trois jours. On voulait les mener partout, et l'on avait surchargé le programme à tel point qu'il ne leur restait plus un moment de loisir. Songez que la seule matinée du 7 octobre comprenait, entre 9 heures et midi, visite à Notre-Dame, visite au Palais de Justice et à la Sainte-Chapelle, visite au Panthéon, visite aux Invalides. On ne pouvait voir tout cela qu'en courant. Aux Invalides, le Tsar s'était attardé au musée d'artillerie qui l'intéressait spécialement et à interroger de vieux soldats hospitalisés. Il avait même tenu, peut-être pour donner une leçon à ses guides et se dédommager de la vue des trophées de Sébastopol et de Crimée qu'ils lui avaient infligée, à faire un tour à l'infirmerie, tour non prévu par le protocole, de sorte qu'il ne rentra, pour déjeuner au palais impérial, qu'avec un retard déjà appréciable, et il traitait à déjeuner, ce matin-là, la fine fleur de l'aristocratie française : la princesse Mathilde, le duc et la duchesse de Chartres, le duc d'Aumale, la princesse Marguerite d'Orléans, la duchesse d'Uzès, le duc et la duchesse de Luynes, le duc et la duchesse de Rohan, sans compter d'autres seigneurs de moindre importance. En tout, quarante couverts, que l'on avait dû dresser dans la salle des maréchaux. Si économe qu'il lui fallût se montrer du temps, le Tsar, retiré dans ses appartements pour se déséquiper, surmené par sa randonnée du matin, jointe aux fatigues du voyage, se laissa choir sur une chaise longue et s'y endormit. On n'osait le réveiller... Quand on s'y résolut, une demi-heure s'était écoulée, et l'on ne disposait plus que de vingt minutes de grâce avant de remonter en voiture, pour se rendre à la pose de la première pierre du pont Alexandre, puis à la Monnaie puis à l'Hôtel de Ville, puis au dîner de l'Elysée et enfin à la soirée du Théâtre-Français. Les vingt plats du menu passèrent sous les yeux des convives avec la célérité d'une rame de *métro*. Ce fut un déjeuner à la vapeur. On eut à peine le temps de goûter à quelques mets, et l'on se leva de table sans avoir attaqué le dessert, demeuré intact.

En compagnie du commissaire de police Belouino et de mon inspecteur principal Duponnois, je surveillais, dans la cour de l'Ambassade, le départ des voitures. La dernière n'avait pas disparu que, surgi du vestibule, André nous faisait signe d'approcher : « Venez voir, nous dit-il, ce coup d'œil ! » Et il nous poussait dans la salle du festin, éblouissante avec ses trois lustres, ses plantes vertes, ses corbeilles de fleurs et son service de table, prêté par le garde-meuble (un *surtout* doré, style empire, chef-d'œuvre de fine ciselure), ses compotiers et ses plateaux vermeils, soutenus par des groupes de personnages mythologiques en biscuit de Sèvres. Il y avait là des fruits de tous les climats et de toutes les saisons, un vrai musée fruitier, tout l'empire de Pomone, des fruits dont j'ignorais jusqu'au nom et, parmi les fruits que je connaissais, des spécimens fabuleux, des fraises phénoménales, des grains de raisins gros comme des prunes, des pêches d'un coloris si éclatant qu'il semblait que s'y fût épuisée une palette de génie, et à côté de tout cela, un tas de friandises soigneusement triées, enveloppées de collerettes ajourées, comme des joyaux précieux.

Le spectacle était si merveilleux que, pressé de faire partager son admiration, André continuait d'appeler tout ce qui passait dans le vestibule de gens de sa connaissance, deux gradés de son service qu'il avait surnommés « Poil et Plume » (parce qu'ils étaient toujours ensemble et que l'un portait une broussaille de cheveux et de sourcils, en poils de sanglier, tandis que l'autre n'offrait plus, autour des oreilles, qu'une sorte de duvet rare), un lieutenant de vaisseau et un capitaine d'infanterie, officiers de liaison entre l'Ambassade et leur ministère, deux *reporters* de journaux venus aux nouvelles ; et bientôt, c'était toute une petite compagnie rassemblée là, communiant dans le même éblouissement.

Il n'y avait plus que nous de qualifiés, en ce moment, dans l'Ambassade, désertée de son haut personnel. André pouvait y parler en maître.

— Si nous nous mettions à table ? proposa-t-il soudain.

Et comme l'on se récriait, il ajouta :

— Nous ne ferons tort à personne. Ce qui est servi une fois ici ne peut l'être deux. Considérez ce qu'il en reste comme sacrifié.

La lecture du menu était tout un poème, plein d'un attrait mystérieux et troublant. Il y était question de « nids de Salanganes », de « selle de faon aux graines de pin », et de bien d'autres choses, aussi riches de secrets qu'une formule magique.

J'avais déjeuné, mais, la curiosité l'emportant, je me mis à table comme les autres. André n'avait eu qu'un signe à faire au maître d'hôtel, son subordonné, et bientôt ce fut, comme dans les tables d'hôte, le « second service ». A vrai dire, il n'y eut là, encore, qu'un simulacre de repas, car la plupart des convives s'étaient, comme moi, déjà restaurés, et ils n'entendaient se faire servir qu'un mince échantillon de chaque plat. Seuls, André et ses deux gradés, qui étaient à jeun et qui avaient le droit de se nourrir à l'Ambassade, éprouvaient le besoin de s'alimenter copieusement, et il faut croire que cette cuisine raffinée, à l'usage des princes, ne voulait, pour être appréciée à son prix, que des palais d'élite et des estomacs choisis, car j'entendais bientôt l'un se plaindre que la « barquette d'ortolans des Landes » ne valût pas une portion de « cassoulet », l'autre que les « bartavelles de Sologne » ne lui offrissent point le régal d'une assiettée de soupe aux choux et le troisième proclamer hautement préférable au salmigondis truffé et quintessencié qu'on lui servait, une simple tranche de « gigot bretonne ». Et moi, qui m'étais réservé pour les fruits, j'étais bien obligé d'avouer que ces raisins énormes et ces maîtresses fraises où je mordais, dans l'attente d'une volupté inconnue, ne me faisaient pas oublier la saveur sucrée du vulgaire chasselas de Fontainebleau, ni l'arome exquis de nos petites fraises des bois.

On parlait des événements du jour, de l'enthousiasme soulevé par la visite du Tsar et de l'éclat de sa réception, éclat tel que la troisième République n'en avait pas encore connu.

— Vous oubliez, dis-je, celle du Shah de Perse, en 1873. J'étais enfant, alors, mais elle m'a laissé un éblouissement et il y eut une fête de nuit à Versailles, dont le Shah disait qu'elle avait fait pâlir ses diamants. C'était sous la Présidence du maréchal de Mac-Mahon. On sortait à peine du désastre de 1870. La France se reprenait à vivre et les esprits aspiraient à changer d'air. Ils avaient, avec empressement, saisi cette occasion de se détendre. C'étaient les mêmes drapeaux, les mêmes orchestres, le même déluge d'acclamations.

— Oui, répondit le capitaine d'infanterie, mais ce n'était là qu'un divertissement passager. L'enthousiasme d'aujourd'hui a des racines plus profondes. On y sent vibrer la corde patriotique.

— Il est vrai, concéda quelqu'un, qu'il n'y a pas

de peuple plus prompt à s'émouvoir que les Parisiens.
Vous les avez vus, sous Carnot, acclamer le roi nègre
Dinah-Salifou et, hier, ce vieux magot de Li-hung-
Chang.

— Et ce matin encore, observa Duponnois, on ne
sait lequel ils acclamaient avec le plus de frénésie,
du Tsar ou de Montjarret.

— Ah ! ce Montjarret ! glissa l'un des *reporters*.
Quel culot ! Savez-vous ce qu'il disait tout à l'heure
en descendant de cheval, dans la cour de l'Elysée ?

— Non !

— Il disait : J'ai épaté le Tsar !

— Il faut bien avouer, dit André, qu'il a été
épatant. Engagé pour la circonstance, il a réalisé un
véritable tour de force en improvisant en quelques
jours ce défilé de style dont il a dû créer les
éléments de toutes pièces. Il n'y avait rien de
propre à l'Elysée, ni comme cavalerie, ni comme
carrosserie, ni comme personnel. On avait perdu
la tradition. C'est déjà quelque chose de l'avoir
retrouvée.

— Mais le vrai triomphateur du jour, reprenait le
capitaine, c'est Félix Faure. Il ne s'est jamais vu à
pareille fête, lui qui aime tant à jouer au souverain.

— On voit que vous le connaissez, fis-je.

— Si je le connais ! Vous savez qu'il a rétabli la
coutume impériale d'inviter à déjeuner l'officier qui
commande le détachement de service à l'Elysée.
C'est ce qui m'a permis plusieurs fois de m'asseoir
à sa table. Il suffit de l'écouter cinq minutes, pour se
rendre compte qu'il a la superstition de la mousse et

du fleuron. Il dit *Edouard* en parlant du prince de Galles et *Nicolas* tout court en parlant du Tsar.

Il a fait mettre son chiffre partout à l'Elysée et jusque sur la serrure des portes et l'on sent son regret de ne pouvoir y faire inscrire un blason.

— Si Félix Faure est en quête d'aïeux, dis-je, je puis lui signaler un Jean Faure, sieur de Brunières, dont le fils, conseiller au Parlement, mort en 1685, portait le titre de baron de Dompmart. Le titre est tombé en désuétude. Il n'a qu'à le reprendre. Il ne manquera pas de généalogistes pour établir la filiation.

— Ça serait dur à faire avaler.

— Pourquoi pas ? Ça serait très vraisemblable au contraire, puisque ces Faure-là étaient comme lui de souche parisienne, et la baronne de Dompmart avait une manie singulière. J'ai lu, chez Tallemant des Réaux, qu'elle ne sortait jamais, et ne faisait, tout le jour, que d'avancer des chaises comme s'il fût venu compagnie, et qu'à la fin de la journée elle les remettait en place comme si la compagnie était sortie. Elle passait ainsi toute sa sainte journée à jouer avec des chaises.

— Voilà qui est décisif, émit André, en bonne humeur, où chercher ailleurs une meilleure preuve de parenté, puisque le père de Félix Faure aimait tant les chaises qu'il en fabriquait ?

— Faites-lui passer le renseignement, à la première occasion, il en sera ravi.

— Baron de Dompmart, fichtre ! du coup, il ne sera plus abordable et il se renforcera dans son souci

d'étiquette. Ça sent déjà trop le cérémonial chez lui,
ce qui gêne fort Madame la Présidente, excellente
femme, mais peu rompue aux usages des cours et si
peu exercée à la science du monde qu'elle n'a jamais
su distinguer le grade de l'officier qui dîne à sa table.
Elle m'appelle « mon lieutenant », ce qui me vexe,
mais la dernière fois, elle m'a appelé « mon commandant », gros comme le bras, ce qui m'a fait
plaisir. »

— J'aurais préféré, pour vous, dis-je, que ce « commandant » fût tombé de la bouche de Félix Faure.
Vous auriez pu profiter de son erreur ou de sa distraction pour lui arracher un galon de plus. Vous
savez l'histoire de cet hidalgo que son roi avait appelé
« comte » par mégarde et qui se hâta de lui dire :

Sous quel titre plaît-il au roi que je sois comte ?

Le souverain, pris au piège, ne pouvait que
répondre :

Soit ! j'ai laissé tomber ce titre, ramassez !

Puisque Félix Faure se modèle sur les rois, il eût
été tout à fait de circonstance d'invoquer ce précédent et, même, vous auriez pu lui faire endosser la
méprise de sa femme. Il est galant, il n'eût pas
manqué d'agréer votre requête.

— Mme Faure n'a aucun pouvoir sur son mari.
C'est la fille aînée, Lucie, qui mène le train à l'Elysée
et on l'appelle pour cela la *Grande Mademoiselle*.
Elle a de l'esprit, mais un esprit caustique et mordant,
qui la rend parfois redoutable. C'est tout l'opposé

de sa mère, restée de mœurs provinciales et « pot-au-feu ».

— Mme Grévy, dit une voix, a laissé une réputation de ce genre. On conte qu'elle répondit un jour à une amie qui lui faisait doucement observer qu'elle avait tort d'appeler l'ambassadeur d'Espagne M. Nunez, au lieu de son vrai nom Fernan-Nunez : « Mais je ne suis pas assez intime avec lui pour l'appeler par son prénom ».

— Ce n'est sans doute qu'une légende, opina le premier *reporter*, mais quand bien même le mot serait authentique, je ne verrais pas là matière à raillerie. Vous voulez de la vertu républicaine et des mœurs à la Spartiate. Et vous vous plaigniez du pot-au-feu à l'Elysée ! Voudriez-vous y réinstaller Mme de Pompadour ?

Et l'on parlait de nos hôtes :

— L'Empereur, disait l'officier de marine qui avait assisté à la réception de Cherbourg, l'Empereur, avec son nez prêt à s'envoler et son bleu regard d'enfant, est, au fond, d'une nature débonnaire. On sent que sa grandeur l'importune, qui lui impose un masque de froideur officielle. Il n'est pas toujours maître de réprimer des accès d'humeur joviale et sait condescendre à la familiarité. L'Impératrice est plus distante. Elle est jolie, elle a de la grâce, mais une grâce un peu hautaine, et elle a beau sourire, son front reste préoccupé. Il y a toute apparence qu'elle ne se sent pas en sûreté chez nous et qu'elle redoute un attentat. Elle a refusé, à Cherbourg, de monter dans le train français qui lui était destiné. Elle avait fait venir de

Russie un train spécial avec son personnel technique.
Elle craint surtout pour les jours de la Grande-Duchesse Olga et se méfie du lait étranger. Imaginez-
vous qu'elle s'est fait suivre, dans son voyage, d'une
vache laitière ! Je présume que la pauvre bête, secouée
par les émois de la traversée et les trépidations du
train est dans un triste état et que son lait doit s'en
ressentir.

— Qu'on nous serve le café ! cria André. Et du
fort ! J'ai besoin de me tenir debout. Je viens de
passer trois nuits blanches consécutives et je ne sais
pas si je pourrai dormir encore cette nuit. Ces
Majestés là ne se doutent pas du mal qu'elles nous
donnent.

— Il n'en vient pas tous les jours.

— Encore assez souvent. Voici qu'on annonce
le roi des Belges, le roi de Serbie et son père, le roi
Milan, le roi de Siam, Chulalongkorn le prince impérial du Japon, le prince de Naples, la princesse
Hélène..... que sais-je encore ?

— Ce n'est que demi-mal, dit celui qu'on appelait M. Poil, quand on a affaire à des Majestés, comme
celles d'aujourd'hui, qui savent se plier à nos usages
et répondre aux amabilités. Il en est d'autres, dont il
faut essuyer les insolences et les incongruités. Vous
parliez tout à l'heure du Shah de Perse, Naser-ed-Din.
Il est revenu à l'exposition de 1889. Même à l'Elysée,
il mangeait avec ses doigts, qu'il essuyait sur la
nappe, rongeait ses os et les jetait à la volée, autour
de lui. Vous parliez aussi de Li-hung-Chang. Encore
un original fieffé qui, derrière ses lunettes, avait l'air

de se moquer du monde. Lui ne touchait à rien de ce qu'on lui servait, ni aux repas officiels, ni à celui, plus intime, que le ministre Hanotaux lui offrit sur la plate-forme de la Tour Eiffel. Il ne mangeait que des œufs de poules blanches, d'une race spéciale, qu'il avait apportées dans une cage, comme la Tsarine a apporté sa vache. On l'avait installé au Grand-Hôtel, où l'on avait retenu, pour lui et sa suite, soixante appartements, luxueusement meublés pour la circonstance. Il laissait ses poules courir là-dedans, picorer les tapis, grimper sur les fauteuils et y déposer leurs crottes. Etrange manie pour un souverain !

— Comment un souverain ? s'étonna l'un des convives, Li-Hung-Chang n'était qu'un envoyé extraordinaire.

— Mais il était vice-roi du Petchili, fit observer un autre.

— Pète-Chili, rectifia M. Plume, en jouant sur les mots. Vous l'avez dit. Aucune province ne pouvait mieux lui convenir. Tudieu ! quel baryton ! Cet homme-là devait avoir une maladie d'intestins. J'avais consigne de me tenir derrière lui, à la revue de Longchamps, au 14 juillet, dans la tribune présidentielle. Il ne cessait de gazouiller en sourdine et, finalement, il se libéra d'une déflagration telle que le nez m'en siffle encore. Paraît que c'est admis en Chine et que ça se fait dans la meilleure société.

— Vous devez le savoir, vous qui êtes allé là-bas ? demanda André au lieutenant de vaisseau.

— Je ne l'ai jamais remarqué, répondit l'interpellé. J'ai gardé au contraire de mon passage en Chine, l'impression d'une politesse ultra-raffinée et d'une civilisation supérieure à la nôtre. C'est ainsi que la danse y est inconnue ou, si vous préférez, méprisée comme une distraction sauvage. Et, si les Chinois se nourrissent, comme nous, de viande, ils la triturent et la délient assez pour en déguiser l'origine. Ils ne souffriraient pas de voir poser, sur leur table, une tête de veau fraîchement décapité, ni le cadavre rôti d'un poulet ou d'un lapereau, ni des fragments anatomiques de bêtes égorgées. Nous y admettons des faisans, parés de leurs plumes, comme si nous étions encore à l'âge des cavernes, en appétit de les dévorer crus. Nous nous réjouissons de découper des quartiers de bœuf, à peine passés au feu, dont le sang gicle sous le couteau. Nous sommes restés plus près de la barbarie primitive.

— Voilà, dit Duponnois, ce qui expliquerait la répugnance de Li-Hun-Chang à s'alimenter à nos tables. Peut-être, aussi, se défiait-il du goût trop prononcé que la cuisine européenne donne à nos confidences, et cherchait-il, pour les siennes, dans les œufs de ses poules de race spéciale, une vertu neutralisante.

— La chose est possible, opina le capitaine d'infanterie. J'ai lu, dans une vieille chronique du XVIe siècle, la relation de voyage d'un gentilhomme français à Venise, d'où il résulte que les courtisanes de cette ville avaient trouvé le secret de donner à leurs émanations un goût de fleur.

— Vous avez, sans doute, mon capitaine, lui fit observer le premier *reporter*, confondu avec une autre histoire du *folklore* gaulois qui parle, en effet, de la rencontre d'un gentilhomme français et d'une dame italienne où il est question de crépitations parfumées, mais ce gentilhomme s'était mépris sur l'origine de ces bruits. Cela provenait, en réalité, de petites vésicules remplies d'essence, en usage alors chez les courtisanes, et qu'elles faisaient craquer sous elles, au cours de leurs ébats.

Il faut croire que la compagnie ne manquait pas de lettrés, amateurs de vieilles chroniques, ou que cette histoire de corps de garde courait les rues, car en voyant le *reporter* s'interrompre, quelqu'un lui objecta :

— Mais vous ne dites pas le plus piquant, c'est que le gentilhomme ayant manifesté tout haut son étonnement de trouver les dames d'Italie si dissemblables des dames d'ailleurs, la rusée se garda bien de le détromper. De quoi d'ailleurs elle fut bien punie car, au fort de la mêlée, il lui échappa, d'émotion, un cri véritable qui ne manqua pas d'édifier son partenaire et lui fit découvrir la supercherie.

— A votre tour, riposta l'autre, vous oubliez le mot de la fin et ce que répondit la dame au gentilhomme qui éternuait et pestait, prouvant ainsi qu'elle n'avait pas perdu la carte pour si peu.

— J'aurais scrupule à le reproduire...

La réflexion déchaîna un flot de protestations amusées:

— Du courage ! Allez-y ! enjoignit André. Il n'y a pas d'enfants...

— Eh ! bien la délicieuse créature répondit au

gentilhomme : « Seigneur ce que j'en ai fait, c'était par galanterie et pour vous remettre en goût des dames de votre pays ».

Et devant l'hilarité générale, Belouïno, feignant de se scandaliser, lança à l'orateur :

— Vous n'auriez pas osé risquer ça, tout à l'heure, devant le Sénat d'Altesses qui nous a précédés.

Mais le second des *reporters* s'insurgea :

— On en risquait de plus raides, jadis, à la cour de Russie, devant la grande Catherine, et à la cour de France, devant François Ier, qui se faisait lire Rabelais, et même devant Louis XIV, qui applaudissait le *Cocu imaginaire*, mais tout dégénère, et nous sommes submergés d'une vague de *cant*. Les rois n'osent plus suivre leurs inclinations, ni avouer leurs maîtresses. Ils tremblent devant l'opinion. Ils se font chattemites, et la noblesse, à leur exemple, s'embourgeoise. C'est à qui se donnera des allures de petit saint. J'admirerais cela, si je n'y flairais un relent d'hypocrisie. Le duc d'Aumale, encore qu'en souvenir de ses campagnes d'Afrique il aime à jouer au vieux briscard et se promène à Chantilly en savates et la pipe à la bouche, se serait peut-être offusqué de nos propos, mais pas son aïeule, la Palatine, ni le Régent, ni Philippe-Égalité.

Les Luynes, qui étaient assis là tout à l'heure, auraient sans doute fait la grimace, mais pas ce joli dégourdi de Cadenet, devenu connétable de Luynes, qui fut la source de leur fortune, ni sa femme, plus tard duchesse de Chevreuse, dont Bussy-Rabutin écrit qu'elle avait fait de son corps « le temple des plaisirs ». On la vit, déguisée en garçon, pour dépister la police de Richelieu, tirer pays et s'attabler à toutes les auberges, frayant par nécessité avec la racaille, sans s'effaroucher de rien. Et ce n'est pas non plus son second mari qui nous eût imposé silence, ce duc de Chevreuse qui, à 70 ans, entretenait encore à Dampierre un sérail de jolies filles qu'il congédiait, chaque année, la veille du Vendredi-Saint, pour prendre le temps de se confesser et de faire ses Pâques, et qu'il réassortissait le lendemain. Celui-là aussi pétait partout sans s'en s'apercevoir.

Pour les Rohan actuels, qui sont la décence et la correction mêmes, ils auraient eu le droit de protester, mais pas cette fière et héroïque Catherine de Parthenay, mère du premier duc de Rohan, à qui elle ne pardonnait pas d'avoir, en acceptant ce titre de duc, fait mentir le cri de sa maison : « Roi ne puis, duc ne daigne, Rohan suis. » Ni sa belle-fille, née Marguerite de Béthune. Celle-là n'était pas bégueule. Elle savait user du vert parler pour clouer le bec des médisants. Elle s'estimait sans reproche, parce que n'ayant jamais qu'un amant à la fois, elle les choisissait tous de bon lieu. Et Marguerite de Rohan, mariée à Chabot, n'était pas davantage une sainte nitouche, elle qui, dès sa plus tendre jeunesse, faisait litière des préjugés, pour s'ouvrir la route au pays des chimères, et affrontait bravement les orages du cœur. Il y a aussi une Henriette de Rohan, l'amie de la reine de Pologne, qui, restée fille, criait partout qu'on lui ôtât « l'opprobre de virginité ».

— Je vous accorde, dis-je, qu'il y avait jadis au

monde plus de verdeur, de pittoresque et de fantaisie. Ces grands seigneurs d'autrefois, la plupart morts à la guerre ou en duel, avaient du cran. Leur vie privée n'était pas toujours édifiante, mais le sang bouillonnait dans leurs veines et ils savaient jouir de l'existence. Ils s'habillaient de soie et de velours, et s'entouraient, dans leurs châteaux, de trésors d'art dont nous sommes heureux de pouvoir recueillir les restes, pour nous faire, dans la tristesse des temps présents, un coin d'air respirable. Leurs descendants s'habillent en croque-morts, comme le commun des mortels. J'en connais qui s'accommodent de la camelote des bazars et se fournissent de meubles chez Dufayel. J'eusse préféré vivre au temps de leurs aïeux.

— Qui vous auraient fait bâtonner par leurs laquais, me cria André.

— Ou pensionné comme homme de lettres, pour une dédicace, et attaché à leur suite !

Mais le temps s'écoulait. Chacun de nous était requis par une obligation urgente. Il fallait songer au départ. Le Devoir avant tout.

— Je gage, dit André, que le premier service fut moins gai.

— Pour ça, patron, approuva le maître d'hôtel, vous avez raison. Je n'ai jamais vu de déjeuner plus morne. On se serait cru à un repas d'enterrement... Et les dames avaient gardé leur chapeau (1) comme si elles avaient hâte de s'en aller.

(1) Détail protocolaire dont le maître d'hôtel improvisé ne se serait point étonné, s'il avait été mieux instruit de l'usage des Cours.

— Et la société était plus mêlée, fit remarquer Belouino. Il n'y a pas chez nous de Capulet ni de Montaigu. J'imagine que la princesse Mathilde et le duc d'Aumale devaient se regarder en chiens de faïence.

— Le duc d'Aumale n'a pas d'opinion politique, à ce qu'il prétend. Il ne veut être que soldat français.

— Il y a pourtant, entre eux, le cadavre du duc d'Enghien.

— Bah ! Tout s'arrange avec le temps !

— Messieurs, dit André en se levant, n'oublions pas que nous sommes les hôtes de leurs Majestés impériales et qu'il serait inconvenant de quitter ces lieux sans avoir levé nos coupes en leur honneur !

— Et en l'honneur de Félix Faure !

— Et de l'armée française !

— Et de M. Lépine !

Ce qui fut fait de plein cœur. Et l'on se sépara.

Ceci n'est que badinage. L'autre incident est d'ordre plus sérieux.

VIII

UNE ALERTE AU PALAIS IMPÉRIAL

Leurs Majestés, après avoir assisté, le soir du même jour, à la représentation du Théâtre-Français, étaient rentrées à l'Ambassade et s'étaient mises au lit, car elles n'avaient jamais consenti à faire chambre à part. L'Impératrice s'éveilla en sursaut de son premier sommeil, criant qu'elle avait entendu des coups de feu tirés du dehors et dirigés contre ses fenêtres. Ce ne pouvait être qu'une hallucination ou l'effet d'un cauchemar, mais, en dépit de toutes les protestations, elle n'en voulait pas démordre, et ses alarmes étaient telles qu'on prit le parti, pour les dissiper, de m'envoyer chercher, comme le seul chef de service de police que l'on eût sous la main, et parce que son entourage estimait prudent de ne pas ébruiter l'affaire ailleurs, par crainte des commentaires fâcheux. On se reprochait d'avoir alerté, à tort, la nuit précédente, l'Elysée et le haut personnel gouvernemental, pour une légère indisposition du Tsar, dont la Tsarine s'était affolée comme d'une tentative d'empoisonnement. On voulait garder l'incident secret, et c'est la première recommandation que l'on me fit en arrivant. Un chambellan m'attendait dans le vestibule éclairé à toutes lumières, comme le voulait l'étiquette et où, toute la nuit, veillait un personnel renouvelé à tour de rôle. Le chambellan me guida à travers les corridors de l'aile droite de l'Ambassade, où étaient installés les appartements de leurs Majestés, et m'introduisit près d'elles, dans le grand salon rouge, précédant leur chambre à coucher, dont la porte ouverte laissait entrevoir les panneaux blancs et les draperies mauves. On avait écarté les valets. L'Impératrice, en peignoir de nuit, était là, effondrée sur un fauteuil, autour de qui s'empressaient un vieux monsieur à lunettes que je supposai être un médecin, la baronne de Mohrenheim et la princesse Obolensky.

L'Empereur, debout, la considérait, un pli au front. Il se dérida en m'apercevant et, sans attendre que mon introducteur eût achevé de me présenter, il me tendit la main et daigna s'excuser de m'avoir fait déranger, puis il me présenta à l'Impératrice, qui fit effort pour sourire, mais qui montrait quelque chose d'égaré dans le regard. L'Empereur, qui parlait un français très pur, me questionna, devant elle, sur l'organisation du service de garde et, après s'être informé s'il n'y avait pas eu de rixe dans la rue, sur ma réponse négative, il me pria de donner à S. M. l'Impératrice l'assurance qu'elle n'avait rien à craindre, ce que je fis avec d'autant plus de fermeté que j'en avais l'intime conviction ; et, comme à son tour l'Empereur l'engageait à reprendre confiance :

— O lumière de mes jours, lui dit-elle, excusez

mes craintes, mais sachez que si je tremble, c'est moins pour moi que pour votre auguste personne et pour Olga, ce don précieux du ciel.

Et penchée alternativement vers les deux dames, elle leur murmura quelques mots, à l'une en russe, que je ne pus saisir, à l'autre en allemand, où elle revenait sur le bruit de la fusillade (*Schiesserei*) qu'elle avait cru entendre.

Et, tout à coup, ses sens entièrement recouvrés, elle se leva et s'inquiéta d'Olga. On lui dit que l'enfant dormait paisiblement, sous la garde de sa « nurse », mais elle était prise d'une envie irrésistible de la voir et, se faisant ouvrir la porte, elle me pria de la suivre dans la chambre de la grande-duchesse, comme pour me prendre à témoin de sa grâce fragile et mieux m'attendrir en sa faveur, ou comme si elle estimait que ma présence dût suffire pour lui conférer, durant leur séjour, à elle et aux choses qui l'entouraient, une sorte d'immunité. La chambre de la grande-duchesse était située au deuxième étage. Nous y accédâmes par l'escalier dérobé qui le faisait communiquer avec les appartements de leurs Majestés. L'enfant reposait dans un petit lit de cuivre, à rideaux blancs, sa mignonne bouche « riant aux anges, » ses cheveux blonds noués en houppe sur le front d'une faveur bleue. Près du sien, était posé le lit de la « nurse ». Cette dernière, levée précipitamment au bruit de l'alerte, comme l'indiquait le désordre des couvertures, était venue nous accueillir sur le seuil. L'Impératrice échangea avec elle quelques mots en anglais, à voix basse, par crainte de réveiller l'enfant, puis, s'approchant du berceau, elle s'y renversa dans un élan de tendresse passionnée, et le Tsar, qui l'accompagnait, en fit de même, mais la place étant étroite, il dut, pour y réussir, se presser contre son épouse et l'enlacer du bras, et je vis leurs deux fronts, un instant, se mêler. Je me figurais assister aux effusions intimes d'un ménage bourgeois. La banalité du décor se prêtait à l'illusion. Rien de moins somptueux que cette petite chambre, tapissée d'un vulgaire papier gris, avec ses deux lits de cuivre, sa carpette en *linoléum*, sa toilette laquée, ses chaises paillées, ses joujoux épars et son paravent de bambou tendu de cretonne blanche à fleurs.

L'Empereur et l'Impératrice s'étaient évanouis pour faire place à deux époux quelconques, inclinés sur le fruit de leurs amours, et je pense même qu'ils m'avaient oublié dans la vivacité de leur transport. Il n'y avait plus, devant moi, que deux pauvres créatures, semblables à nous, parce que, même au faîte de la puissance humaine, et la tête pleine du bruit des acclamations triomphales, elles se sentaient nues, faibles et désarmées devant l'énigme redoutable du Destin.

Cette scène intime me revient plus émouvante encore depuis que ces trois personnages ont payé leur tribut à la Fatalité et qu'un massacre effroyable leur a cloué au front l'auréole des martyrs. Il était naturel que la Tsarine eût l'appréhension d'un attentat auquel n'avait pu échapper l'empereur Alexandre II (1),

____

(1) Coïncidence curieuse, Alexandre II, comme Nicolas II, avait épousé une princesse de Hesse.

mais il me semblait qu'elle dût rester surtout obsé-
dée des bombes, arme spéciale des nihilistes, et
non d'une « fusillade » dont l'idée ne s'expliquait
guère. C'est pourtant une fusillade qui devait mettre
fin à ses jours et anéantir la dynastie des Romanoff.
Sa vision était donc prophétique, ce qui semble établir qu'il ne nous arrive rien d'important dont le
Ciel ne nous ait donné un secret avertissement.

Chacun peut en faire l'expérience sur soi-même.
Je l'ai éprouvé maintes fois, en ce qui me concerne,
notamment lors de mon dernier voyage en Allemagne, en 1912. Nous nous bercions alors d'illusions
pacifiques et, pas plus que mes compatriotes, je ne
m'attendais à la guerre, encore moins à une attaque
brusquée de l'Allemagne, mais il m'avait suffi de
franchir la frontière pour en lire partout le présage.
On peut m'en croire, puisque j'en ai donné l'avertissement dans la préface de mon livre *les Deux Allemagne* (paru en janvier 1914). Il se peut que cette
prescience de l'avenir soit trouble et confuse, comme
dans le cas suivant : En juillet 1914, je passais mes
vacances à Spa, en Belgique. J'en fus rappelé soudain
par une dépêche laconique de mon administration.
J'en ignorais les motifs que j'attribuais à la crainte
de manifestations relatives à l'affaire Caillaux (1),
car si la guerre m'apparaissait, maintenant, inévitable
un jour ou l'autre, je ne la redoutais pas si proche.
Tandis que le train, qui me ramenait à Paris, traver-

(1) Voir ma préface aux *Bucoliques* de Virgile, interprétées en
vers français (Garnier).

sait les Flandres, je m'étonnais de la sorte d'obsession qui me tenait collé à la vitre du wagon, les yeux fixés sur le paysage. Dieu sait pourtant si ce paysage, traversé à vingt reprises, m'était familier ! J'aurais pu le reconstituer, les yeux fermés. Et, pourtant, il me requérait et sollicitait mon attention comme s'il se révélait à moi pour la première fois. Une voix secrète me disait : « Admire ces forêts touffues, ces villages souriants où il ferait bon vivre, ces fermes prospères, ce bétail épars ! » et j'avais beau protester tout bas : « Mais il y a belle pièce que je les connais ! » la voix insistait de plus belle. Rien ne pouvait me détacher de la vitre. J'allais m'accouder dans un coin du wagon pour lire, le livre me tombait des mains. Je m'installais pour sommeiller, une impatience me redressait soudain et me rejetait à la portière. Cette voix, qui m'y rappelait sans cesse, je ne l'entendais qu'à moitié. J'entendais : « Contemple et admire ! » Le reste se perdait dans les profondeurs de l'inconscient et n'arrivait pas à mes oreilles, sans quoi j'eusse perçu qu'elle ajoutait : « Contemple et admire ces choses que tu ne reverras plus jamais. Dans quelques jours, elles auront cessé de vivre et, déjà, sur elles, plane le vent de la mort. » Mon émoi, que je jugeais puéril, s'explique aujourd'hui. Ces choses allaient mourir, et ce qui me les rendait si chères et si pathétiques, c'était le signe de détresse qu'elles me faisaient au passage et le suprême adieu qu'elles me jetaient.

Leurs Majestés auraient pu lire aussi un mauvais présage dans la catastrophe de Khodynka (où deux mille personnes trouvèrent la mort) qui se produisit, en mai 1896, aux fêtes de leur couronnement et qui renouvelait celle des fêtes du mariage du Dauphin (depuis Louis XVI) avec Marie-Antoinette, si leur entourage n'avait jugé à propos de la leur laisser ignorer. Car elles n'ent ont jamais rien su (1).

(1) C'est du moins ce qui m'a été assuré par des gens qualifiés de la cour, de Russie, le comte de Nesselrode, notamment, et ce que j'ai, depuis, trouvé confirmé dans les *Souvenirs* de M. Pierre Gilliard, ancien précepteur du tsarevitch. Pourtant le comte de Witte, dans ses *Mémoires* prétend que le Tsar et la Tsarine en eurent connaissance. Si cela est vrai, on ne s'explique pas que leurs Majestés se soient rendues le soir même au bal de l'Ambassade de France. Le Tsar aurait répondu à ceux qui lui conseillaient de s'abstenir qu'il fallait laisser les fêtes du couronnement suivre leur cours.

Il sied d'attendre, pour éclaircir ce point, la publication intégrale du *Journal intime* de Nicolas II, dont je ne connais que de courts extraits, publiés et commentés par M. Bienstock dans le *Mercure de France* (1er novembre 1923), mais ces extraits suffisent à nous dévoiler son véritable caractère et l'on ne peut s'empêcher de faire un rapprochement entre ce journal et celui de Louis XVI, sur qui les événements les plus considérables de la politique passaient sans laisser la moindre impression, et qui, le jour même de la convocation des États généraux, se contentait, sans y faire même allusion, de noter qu'il avait plu à Versailles. Le parallélisme est criant, d'une évidence à frapper de stupeur. Tous deux se désintéressent des affaires de l'État et n'ont en tête que leurs soucis domestiques. Ici et là, c'est le même caractère faible et irrésolu, la même insouciance, la même influence néfaste exercée par les femmes. Il est prouvé que Marie-Antoinette, qui dominait Louis XVI, était au service de l'Autriche. On a accusé la Tsarine, qui dominait Nicolas II, d'être au service de l'Allemagne. Sur l'une comme sur l'autre, le peuple rejetait, à tort ou à raison, la responsabilité de ses malheurs et de ses défaites. On disait en Russie l'*Allemande* en parlant de l'impératrice Alexandra-Féodorowna, comme on disait jadis en France l'*Autrichienne*, en parlant de Marie-Antoi-

Et cela prouve encore que nul de nous ne peut échapper à son Destin.

Que reste-t-il, aujourd'hui, de cette allégresse publique, de ces vœux prononcés d'un cœur si confiant qu'ils semblaient devoir enchaîner l'Avenir ? Quelle mélancolie j'éprouve à relire ce *toast* du Président de la République au dîner de l'Elysée :

La présence de votre Majesté parmi nous a scellé, aux acclamations de tout un peuple, les liens qui unissent les deux pays dans une harmonieuse activité et dans une mutuelle confiance dans leurs destinées. L'union d'un puissant Empire et d'une République laborieuse a pu déjà exercer une action bienfaisante sur la paix du monde. Fortifiée par une fidélité éprouvée, cette union continuera à répandre partout son heureuse influence.

Interprète de la nation tout entière, je renouvelle à Votre Majesté les souhaits que nous formons pour la grandeur de son règne, pour le bonheur de S. M. l'Impératrice, pour la prospérité du vaste Empire dont les destinées reposent entre les mains de Votre Majesté Impériale.

nette, avec la même irritation sourde dans la voix et le même geste de dépit coléreux. Il y a là une série de coïncidences assez troublantes pour arrêter l'historien. Autre remarque. Il paraît que Nicolas II ressemblait à son ancêtre, l'empereur Paul. « Dans ses mémoires (dit M. Bienstock), le comte Witte, raconte que Dournovo, président du comité des ministres au moment de la mort d'Alexandre III, lui dit de Nicolas II : « Ce sera quelque chose comme une copie de l'empereur Paul, mais de notre époque ». Et le roi Edouard VII, alors prince de Galles, qui assistait au dîner de mariage, fit cette remarque à la jeune impératrice : « Comme le profil de ton mari rappelle celui de l'Empereur Paul ! » — Or, l'Empereur Paul est mort assassiné.

Hélas ! la paix du monde, nous savons ce qu'il en est advenu depuis, et ce qu'il est advenu, comme de la nôtre, de la prospérité de la vaste Russie et du bonheur de ses souverains.

De tout ce faste que l'on se flattait d'inscrire dans l'airain, il ne demeure plus que ce qui demeure des lampions consumés et des feux d'artifice éteints. De cette apothéose qui fit vibrer deux peuples, transportés d'enthousiasme, comme s'ils y voyaient luire une ère nouvelle et y saluaient le retour de l'Age d'or sur la terre, il ne demeure plus qu'un vague souvenir qui disparaît de jour en jour, avec ses derniers témoins, un vague souvenir, déjà presque effacé sous un torrent de boue, de flammes et de sang.

IX

Mr ANDRIEUX

Une chose, surtout, m'avait frappé, durant ces trois jours de fête, c'était l'entrain des Parisiens à saluer d'acclamations nourries M. Lépine à chaque apparition. Ils l'acclamaient, non seulement lorsqu'il défilait en voiture en tête du cortège, mais lorsque, dans les intervalles de la cérémonie, il venait à pied inspecter le service d'ordre et y jeter le dernier coup d'œil. Un préfet de police populaire ! Je crois bien que cela ne s'était jamais vu, et si l'on songe au milieu de quel soulèvement d'opinion M. Lépine avait, trois ans auparavant, pris la direction de ses services, on peut dire que cette popularité avait de quoi surprendre et qu'elle tenait du sortilège.

A l'avènement de M. Lépine, en juillet 1893, la Préfecture de police se trouvait dans une passe singulièrement difficile. Une longue suite d'incidents pénibles, dont les derniers en date étaient l'enlèvement de Mlle Dourche et l'affaire Nüger, l'avaient discréditée à ce point que le gouvernement s'était vu dans la nécessité de faire la part du feu, en la décapitant de M. Lozé. La Préfecture de police ne s'était pas seulement aliéné l'esprit public, elle était entrée en lutte ouverte avec le Parlement et le Conseil municipal, lequel, par représailles, refusait de voter son budget. Le mal datait de loin, et pour en étaler la gravité, je dois, ici, suspendre mon récit, jeter un coup d'œil retrospectif dans le Passé, et retracer la carrière du préfet de police Andrieux, qui n'était pas le premier responsable de la crise actuelle, mais qui l'avait amenée à sa période aiguë.

M. Andrieux fut nommé préfet en mars 1879, au point culminant de la campagne de M. Yves Guyot contre la police des mœurs. Une interpellation, à ce sujet, de M. Clemenceau amena la chute du cabinet de Marcère, que le préfet d'alors, M. Albert Gigot, dut suivre dans sa retraite.

Il eût fallu, pour remédier aux abus et rétablir l'ordre, mettre à la tête de la Préfecture de police un homme d'autorité souple et conciliante, un pacificateur prudent. On choisit un homme énergique mais bouillant, qui n'eut rien de plus pressé que de mettre de l'huile sur le feu, et d'exaspérer ses adversaires par une attitude de bravade et de défi. Il eût fallu un sage, s'appliquant avec suite à recoudre dans l'ombre et le silence du cabinet. On prit un polémiste. Il fallait un arbitre. On prit un partisan. On choisit M. Andrieux, dont les qualités d'initiative et de décision étaient celles d'un agitateur. Il faut bien reconnaître (lui-même en fait l'aveu), qu'il se comporta dans son nouveau poste en véritable factieux. M. Andrieux ne manquait ni de pittoresque ni de relief, mais ce n'étaient même pas ses dons brillants qui l'avaient désigné au choix du ministère. Certes, la séduction de sa personne, son élégante prestance y purent entrer pour quelque chose, mais ce n'était ni son éloquence incisive, ni la bravoure que dénonçaient ses duels retentissants, ni son passé républicain, ni les gages donnés au parti du pouvoir, que l'on entendait récompenser. M. Andrieux fut nommé préfet de police, parce qu'il sollicitait ce poste et qu'il était bien difficile de s'aliéner, par un refus, un ami de Gambetta, un orateur de la loge du *Parfait silence* de Lyon, un membre du Conseil du *Grand Orient de France*. Il fut nommé directement par M. Waddington, Président du Conseil, sans qu'on prît même le temps de consulter M. Lepère, ministre de l'Intérieur. Voilà qui ne manquera pas d'étonner l'honorable M. Paolantoni, secrétaire général de l'Association des commissaires de police de France, qui me faisait savoir dernièrement (1) que le préfet de police n'est qu'un humble personnage, nommé à l'entière discrétion, non seulement de son ministre, mais encore du directeur de la Sûreté générale, *son chef hiérarchique*. Je pourrais lui citer d'autres cas, et puisque M. Andrieux vit toujours, ce dont je le félicite, et qu'il jouit d'une vieillesse robuste, il a dû se faire une pinte de bon sang, lui qui se faisait gloire de n'obéir à personne et d'être un fonctionnaire autonome, en lisant l'affirmation de M. Paolantoni. Il est

(1) A propos de mes articles sur la PRÉFECTURE DE POLICE : (*Mercure de France*, 1er juin — 1er août 1918).

vrai que M. Andrieux pourra trouver aussi malen-
contreux que je lui conteste, non pas ses vertus — il
en avait à revendre ! — mais celles d'un préfet de
police modèle. « J'y étais préparé, m'objectera-t-il,
j'avais été procureur de la République à Lyon. »
Ah ! le bon billet ! Examinons les antécédents de
M. Andrieux et voyons comment il s'était préparé à
ce poste de Devoir qui exige tant de vertus obscures,
de discipline, d'abnégation et de désintéressement.

X

LE POSTE DE LA GAITÉ

M. Andrieux est né à Trévoux (Ain), le 23 juillet 1840. Il fit ses études à Lyon où il obtint à dix-neuf ans le grade de licencié ès lettres. Il vient alors à Paris faire son droit. A ce moment, l'Empire commençait à subir les violents assauts de l'opposition. M. Andrieux, né réfractaire, s'enrôle tout de suite parmi ses adversaires et bataille dans les journaux libéraux du quartier latin : *le Travail, la Jeunesse, la Jeune-France.* Son tempérament de polémiste s'y manifeste. Il aime la lutte, l'atmosphère orageuse des réunions, l'appel à la révolte, les bagarres, les manifestations tumultueuses, les coups de poing échangés avec les contradicteurs et les agents de l'autorité.

Pourtant, avide de se produire et pressé d'imposer sa personnalité, il rêve de se faire un nom dans la littérature. Peut-être a t-il composé des vers, bien qu'il ne fût porté de nature ni aux spéculations métaphysiques ni aux indolentes rêveries. Il parle, quelque part, des poètes ; mais ceux qu'il aime ce sont les agressifs, le Barbier des *Iambes*, le Victor Hugo des *Châtiments*. Il admet Laprade pour sa veine satirique, mais il désapprouve sa pente mystique. « *Le monde, écrit-il, n'a que faire des Muses misanthropes qui vont, seules, s'égarer sous les arcades des grands bois pour écouter le bruit des cascades et les entretiens mystérieux du vent avec les sapins échevelés. Il n'est plus l'heure d'épier les soupirs du flot qui baise la rive. Ce qu'il faut à l'humanité, ce sont des poètes de combat.* » Si M. Andrieux fit des vers, il est à présumer qu'ils furent dénués de grâce rêveuse. Il ne nous en est rien parvenu, mais il nous reste de lui un petit roman paru chez Dentu en 1863. Il dit : « *Je l'ai fait en respirant le parfum des lilas, en écoutant le chant des oiseaux sous les ombrages du Luxembourg.* » Ne nous y fions pas trop. C'est l'histoire d'une passionnette au quartier latin, faite de souvenirs personnels, sous l'influence d'une lecture d'Henri Mürger. L'auteur, pénétré de sens critique, ne se fait guère d'illusions, d'ailleurs, sur ce péché de jeunesse. Il regarde son volume terminé « avec l'inquiétude d'une mère qui contemple son nouveau-né malade et se demande s'il est né viable ». « Qu'en pensera-t-on ? peut-être rien…..! » C'était, évidemment, se montrer bon prophète, mais si ce volume poncif ne révèle pas chez son auteur un génie d'écrivain et ne casse en rien en littérature, il est précieux au psychologue et à l'historien, parce qu'il nous ouvre l'âme de M. Andrieux et nous renseigne sur sa vie d'étudiant. En voici la fable : Un jeune homme, Lucien Gérard, qui ressemble étonnamment à M. Andrieux, après avoir ébloui sa province par ses prouesses de cavalier sur un cheval anglo-normand, qui avait gagné « le prix des dames » aux courses de la ville, et « dont la robe alezane resplendissait au soleil comme l'or d'une coupe », vient jeter sa gourme à Paris sous le prétexte d'y faire ses études de droit. Il loge aux environs de Saint-Sulpice, à l'*hôtel de Saint-Ignace*, maison sainte, recommandée à sa famille par un ecclésiastique de la région, et dont la propriétaire âgée reçoit ses visiteurs « en roulant dans ses doigts, osseux et ridés, les grains usés d'un long chapelet noir, terminé par une croix d'argent. » Les parents de Lucien Gérard rêvent pour lui la gloire administrative et le voient déjà conseiller de préfecture, en habit brodé, une épée au côté, mais Gérard n'aime pas les uniformes. Il trouve que cela s'assimile trop aux livrées de bonnes maisons. Il porte en lui un petit levain d'indépendance qui s'allie mal avec la carrière que sa famille lui destine. Lucien Gérard, tout comme M. Andrieux, bataille dans une feuille hebdomadaire, *la Renaissance*, où il dit crûment leur fait aux puissants du jour. Il a de la lecture et de nobles prétentions. Il estime, avec Fénelon, qu'il ne faut se servir de la parole que pour la pensée, et de la pensée que pour la vérité. Il veut redire les souffrances, les persécutions de toutes ces intelligences d'élite, qui payèrent de leur sang leur courage et leur génie. Il donne à la *Renaissance* un article où il rappelle, pour se donner prétexte d'attaquer les institutions et l'Empire établi, Socrate buvant la ciguë, Giordano Bruno brûlé vif par le Saint-Office, Pierre la Ramée égorgé dans sa chambre du collège de Presles, Vanini livré au bûcher par le Parlement de Toulouse, Campanella gémissant pendant vingt-sept ans au fond d'un cachot. Le plaidoyer en faveur de la liberté de conscience s'intitule *Les martyrs de la philosophie*. « Dans cet article », dit M. Andrieux, « Lucien s'était généreusement ému et sincèrement indigné. Il avait trouvé dans son cœur des larmes attendrissantes pour les victimes et d'éloquentes imprécations contre les bourreaux. »

L'article, dénoncé par un journal clérical, est poursuivi en police correctionnelle pour outrage à la morale publique et à la morale religieuse, et, tout comme M. Andrieux, Lucien Gérard, condamné à la prison et à l'amende, connaît les douceurs du régime de Sainte-Pélagie.

Tout comme M. Andrieux, Lucien Gérard prend part aux manifestations de la rue et se fait empaumer par les agents, un soir de bagarre, au théâtre Montparnasse où l'on siffle *Gaetana*, pièce d'Edmond About. Il va sans dire que les sifflets s'adressent moins à la pièce qu'à l'auteur, ami du régime impérial.

Andrieux-Gérard est conduit au poste de police voisin, où ses futurs subordonnés verbalisent contre lui, et où, toute la nuit, mêlé aux poivrots et aux filles, il a loisir de méditer sur les agréments du passage-à-tabac. Qu'heureux en eussent été les effets, si M. Andrieux, devenu préfet, s'était souvenu de cet accident de jeunesse pour corriger les excès de zèle de ses agents et les défectuosités d'un poste inclément, moisi d'âge et d'humidité, dont il avait pu constater de *visu* le manque d'hygiène et de confort.

Mais M. Andrieux pensait sans doute comme le roi de France, qui n'a pas à venger les injures du duc d'Orléans. D'ailleurs, une surprise agréable vint égayer sa détention. Parmi les détenus se trouve une jeune ouvrière de figure avenante, cueillie au théâtre à ses côtés, une nommée Francine, dont il s'éprend. On les remet en liberté au petit jour. Il lui tend le bras et s'offre à la reconduire chez elle. La jeune fille accepte, reconnaissante. On devine la suite qu'on a déjà lue ailleurs, ou plutôt non ! on ne s'avise point que la belle innocente, après tant de dîners en tête-à-tête et de promenades à *Robinson*, sortira intacte des bras de son Roméo, aussi pure que le jour où il l'a rencontrée, mais c'est le souci de l'auteur « de ne point chercher l'intérêt dans la peinture du vice et de la débauche ». Gérard respecte à l'excès les conventions de la morale bourgeoise. Il lui répugne de flétrir la candeur de celle qu'il aime. Sachant qu'il ne pourra l'épouser, il ne veut pas la conduire à la chute. Il tremble à l'idée d'entendre Adèle, en longs voiles de deuil, lui dire, éplorée : « Qu'avez-vous fait de ma sœur ? » L'un de ses plus épouvantables cauchemars le met en présence du père de Francine, vieux soldat, décoré de la Légion d'honneur, dont il a déshonoré les cheveux blancs. La malédiction du père le réveille en sursaut, tout trempé de sueur. Heureusement ce n'est qu'un rêve. Lucien peut quitter Francine sans trop de remords. Il la quitte pour rejoindre, en province, sa famille qui songe à le marier. On lui présente une fiancée sortable, un excellent parti, la fille d'un châtelain des environs : M. Rocque de

Villebois, dont la noblesse est de contrebande et dont la généalogie connue ne remonte pas au-delà de son grand-père, fermier enrichi, sous la Révolution, par le trafic des biens nationaux. Son père était le premier de la famille qui eût rêvé un écusson avec des armoiries. Il avait ajouté au sien le nom de ses terres, puis, flanquant sa maison de deux tours crénelées, lui avait donné figure de manoir féodal. Ici s'exerce la malice de M. Andrieux qui constate, qu'après tout, le roturier Gérard peut bien prétendre à cette union, puisqu'il lui est loisible de prendre le nom de ses terres et, qu'en regard de la noblesse de son futur beau-père, la sienne ne compte guère que cinquante ans de moins. Pourtant, Gérard hésite. Peut-être songe-t-il encore à Francine, dont les lettres brûlantes s'espacent, puis cessent tout à coup. Quand Lucien, décidé à rester garçon, rentre à Paris et s'inquiète d'elle, il apprend qu'elle est morte d'une maladie de poitrine. C'est du moins ce qu'on lui dit, mais il soupçonne qu'elle est morte d'amour. M. Andrieux fait ainsi son petit Lamartine. Il a lu *Graziella*. La note sentimentale est à l'ordre du jour. Il se rend au cimetière Montparnasse, où son amour platonique repose. Il y lit, sur la pierre, cette simple inscription :

FRANCINE ROBERT
morte à Paris le 1er janvier 1863,
à l'âge de 19 ans

et il s'en va, répétant : « Dix-neuf ans, c'est bien tôt pour mourir ! »

Une sorte de prescience de l'avenir poussait

M. Andrieux à prendre prétexte d'un simple épisode
pour donner à son opuscule ce titre spécifique :
Le Poste de la Gaîté.

A travers ce volume, M. Andrieux nous apparaît
déjà mêlé d'influences diverses. Derrière ses enthou-
siasmes de jeunesse et ses emballements d'emprunt,
s'accuse un tempérament frondeur, une gouaille verte
et narquoise. Sa révérence pour les martyrs ne nous
dissimule pas le fond de sa nature sceptique. Elle se
découvre lorsqu'au cours d'une échauffourée, essuyant
les coups de poing des agents corses de l'Empire, il
note avec détachement « la police faisait vaillam-
ment son devoir ». M. Andrieux n'a pas persisté
dans la littérature d'imagination. Ce n'est pas trop
s'exposer que de dire, qu'avec lui, le roman n'a pas
fait une perte irréparable. Voyons ce que la préfecture de police y a gagné.

XI

UN VIRTUOSE DE LA POLÉMIQUE

Quand il prit possessi n de son poste de préfet, M. Andrieux était député de l'Arbresle (Rhône). Il n'avait pas encore atteint la quarantaine et, bien que sa chevelure fût sillonnée de précoces fils blancs, il stupéfiait par sa vigueur alerte et juvénile. On lui sentait l'âme profondément chevillée au corps. C'était, au physique, le type de l'homme du monde, de l'homme à bonnes fortunes, de l'élégant valseur dont l'habit noir, fleuri d'un gardénia, traînait, aux feux des lustres, tous les cœurs après soi. C'était presque le jeune premier, le héros de théâtre et de roman. Mille légendes flatteuses l'auréolaient d'un prestige chevaleresque et galant. On racontait qu'il avait refusé, du gouvernement, la Légion d'honneur, pour le courage dont il avait fait preuve comme procureur de la République à Lyon au moment des événements de 1871, sous le prétexte qu'il ne voulait pas que sa boutonnière, dans les rues de la Guillotière, commémorât aux yeux de ses concitoyens des jours néfastes. On racontait encore qu'en mars 1878, s'étant blessé accidentellement en tombant de cheval, l'avant-veille d'une fête, où il était convié par une belle et séduisante châtelaine, à laquelle il avait promis la première valse, on l'avait vu néanmoins paraître, à l'heure fixée, dans la salle de bal, le bras en écharpe et s'avancer vers son aimable hôtesse, surprise et charmée, pour acquitter sa promesse. C'était non seulement un cavalier émérite, mais encore une fine lame. Son duel avec Cassagnac l'avait posé en adversaire résolu, mais loyal.

Le nom d'Andrieux, de racine grecque et de désinence normande, prouve de lointaines origines helléniques, mêlées d'un afflux celtique au cours des âges, et cela explique la complexité de sa nature, qui a donné lieu aux jugements les plus contradictoires. On a pu écrire de ce polémiste bruyant que c'était un silencieux. L'antinomie de sa nature éclatait, dès l'abord, par le contraste des cheveux noirs et des yeux bleus. Son regard même changeait. Doux et rieur au repos, il jetait, dans l'action, des reflets d'acier coupant. M. Andrieux joignait au flegme presque britannique du Lyonnais, l'exubérance de gestes du Méridional. Son visage au teint mat, presque bistré d'oriental, son visage souvent impassible, s'ébouriffait d'une moustache malicieuse. Les sourcils épais du batailleur, le nez droit, signé de Mars, semblaient protester contre la lèvre sensuelle et le menton rond des vénusiens. La fantaisie de ses cravates flottantes démentait la correction étudiée d'une mise de dandy diplomate. Tout, chez lui, était contraste. Il tenait de l'homme d'action et du voluptueux. Il respirait l'onction du prélat ensemble et le train cavalier du mousquetaire. Le tout s'enveloppait, suivant l'heure, d'ironie acérée ou de verdeur agressive.

Comment M. Andrieux avait-il été amené à solliciter ce poste de préfet, auquel ses idées sur l'*uniforme livrée* et ses démêlés de jeunesse avec les agents de l'autorité semblaient l'avoir mal préparé ? Je le soupçonne d'y avoir été poussé moins par vocation que par calcul. Quel levier puissant aux mains d'un ambitieux que les archives de la préfecture de police et ses fonds secrets, pour asseoir sa domination sur tous les partis ! M. Andrieux y vit sans doute un instrument de crédit. Il cédait, en outre, à l'impulsion de son esprit éveillé, curieux, fureteur, jaloux de tout connaître et de saisir le fil conducteur de toutes les intrigues. Il y puisera d'amples munitions pour ses polémiques futures, et ses révélations prouveront qu'il en sut tirer abondamment parti. Il y trouvera un aliment à sa fièvre d'opposition. Et, peut-être, y vient-il seulement poussé par son amour de la lutte, car il se plaît à jouer de la difficulté en virtuose. L'air est chargé d'une atmosphère de bataille. Il y a des coups à donner et à recevoir. C'est son élément.

En dehors de ces hypothèses je ne vois pas ce qui attirait M. Andrieux à la caserne de la Cité. Était-ce le souci d'affirmer sa foi républicaine, et de l'imposer à une institution suspectée d'impérialisme ? Mais M. Andrieux ne s'est jamais piqué, en politique, de convictions bien fermes ? Il se détache de la franc-maçonnerie avec fracas. Il renversera, tout à l'heure, le cabinet Gambetta, dont il avait été au début l'un des plus fermes appuis. Il inquiète, à la Chambre, ses coreligionnaires par sa tiédeur, lors de la proposition d'amnistie plénière des condamnés de la Commune. On le verra combattre dans le rang des boulangistes et s'excuser auprès des cléricaux d'avoir poursuivi les congréganistes. Son premier geste, comme préfet, est de refuser à Raspail l'épuration de son personnel. Il disait, excellemment, qu'une administration disciplinée est toujours assez républicaine lorsqu'elle a, à sa tête, un chef républicain, et l'on applaudirait M. Andrieux pour cette juste parole, si on ne la lui sentait inspirée moins par l'évidence, que par l'unique souci de contrarier un adversaire. Ses meilleures mesures sont toujours entachées de cette préoccupation. Lorsqu'il crée le laboratoire municipal, c'est moins dans l'intérêt des consommateurs et pour réprimer le mouillage et la fraude que pour contrarier Gambetta, qui vient de présider, à la veille des élections, un banquet de débitants et de courtiers en vins, à qui il a confié le soin de sa propagande électorale. Il favorisera les mêmes marchands de vins, tout à l'heure, en leur accordant la permission qu'ils sollicitent de rester ouverts jusqu'à deux heures du matin, uniquement pour faire pièce à la presse réactionnaire qui s'oppose à cette mesure, en criant à l'acoolisme et à la démoralisation.

M. Andrieux est ainsi amené à prendre des mesures contradictoires. Il repousse toute ingérence du Conseil municipal dans son domaine et ne veut pas que la politique y pénètre, mais il y introduit M. Caubet, vice-président du dit Conseil, comme chef de la police municipale, dont il étend encore les pouvoirs, et avec lui, la franc-maçonnerie. Il avait la consolation, ce faisant, de jouer un bon tour à M. Waddington, président du Conseil, et au parti conservateur.

XII

LE RÉGIME DU BON PLAISIR

M. Andrieux était venu à la Préfecture de police pour rétablir la discipline. Il n'est pas plutôt nommé qu'il se révolte contre ses chefs dont il décline les directives. Il dit lui-même : « *Je fus toujours à la Préfecture de police l'adversaire des ministres de l'Intérieur, mes prétendus chefs. Quand je servis leur politique, c'est que je ne pus faire autrement* ». Il entend faire triompher ses vues personnelles. Quelles étaient donc ces vues d'un impératif si catégorique qu'elles le poussaient à fouler aux pieds ses devoirs de subordonné ? Ses vues, c'était tout simplement le triomphe de son individualité, le régime du bon plaisir restauré au profit du seul Andrieux. Il rêve d'être non seulement le chef unique de la police en France, mais l'arbitre de la police mondiale. La Préfecture de police ne lui suffit pas. Il veut absorber la Sûreté générale, mettre la main sur la police des ministères et diriger la politique extérieure. On le voit, sans attendre d'y être invité, agir de son propre chef, entretenir des agents dans toutes les capitales de l'Europe. Il surveille les

nihilistes de Russie, démêle les intrigues du Bey, d'où
va sortir l'expédition franco-tunisienne. Il appelle à
lui les chefs des polices étrangères, les accable de sourires et de prévenances et se fait délivrer par eux des
attestations de mérite dont il se compose un livre
d'or. Il invite M. Howard, le directeur du *Scotland
yard*, à faire le tour de ses services. Il s'insinue dans les
bonnes grâces de la police anglaise en faisant venir
de Londres quelques bâtons blancs de policemen,
dont il déclare vouloir doter les gardiens de la paix,
idée qu'il abandonne bientôt. Il pilote à travers ses
bureaux M. Christiensen, chef de division à la police
de Christiania. Il veut convertir à ses vues M. Bara-
nof, futur directeur de la police russe. Il éblouit des
avantages de son pouvoir discrétionnaire une délé-
gation de policiers japonais, et il envoie à Lisbonne
l'un de ses subordonnés, M. Olivier de Taiguy, pour
y réorganiser la police portugaise. Quelle joie, quand
il peut afficher une lettre du général Noyes, ministre
des Etats-Unis, affirmant que la police de Paris fait
l'admiration de tous les étrangers ! Il est dévoré d'un
besoin de propagande. Il se plaint que le Gouvernement ne l'encourage point dans cette voie ni dans
ses essais de diplomate occulte. Pourtant il y persiste
jusqu'à ses derniers jours, « *moins*, avoue-t-il, *pour
répondre aux désirs des ministres que pour obéir à mes
propres inclinations* ». Voilà le grand mot lâché. Tout
le devoir pour M. Andrieux consiste uniquement à
obéir à ses propres inclinations.

Il était venu pour réformer la police des mœurs.
Il semble donner satisfaction à l'opinion publique, en

se débarrassant de M. Lombard, compromis dans l'affaire Rouvier, mais c'est simplement pour prendre lui-même la direction du service politique dont M. Lombard était chargé. Jamais ce service ne fit tant crier que sous son règne. Il feint de réorganiser la police des mœurs, mais se contente d'en verser les agents au service de la Sûreté, qui s'en trouve contaminé, de l'aveu même de M. Macé, car il va sans dire que, loin de rappeler ses agents à la prudence et aux scrupules de la légalité, M. Andrieux ne fit que les enraciner dans leurs mauvaises pratiques, par le seul souci de tenir tête à M. Yves Guyot.

M. Andrieux se flatte d'avoir répudié les pratiques de la police provocatrice. Comment appelle-t-il donc le fait de commanditer un journal anarchiste, la *Révolution Sociale*, où l'on faisait appel aux pires passions et où l'on fournissait des recettes pour la fabrication des explosifs ? Comment peut-il s'égayer à l'idée d'avoir manœuvré, à leur insu, les compagnons libertaires et la candide Louise Michel, et d'avoir été l'instigateur de l'attentat de Saint-Germain ?

M. Andrieux se déclare partisan de la liberté individuelle.

Est-ce le souci de la liberté individuelle qui lui fit imposer à ses subordonnés une jurisprudence étrange en assimilant au vagabondage le fait de loger en garni et l'obligation d'envoyer implacablement au dépôt tout individu, quelle que fut sa condition, arrêté pour discussion avec les agents ? Est-ce le souci de la légalité qui lui fit, de sa propre autorité, sans en référer à personne, saisir dans les kiosques les exemplaires de la *Lanterne*, journal coupable d'avoir médit de son administration ? M. Andrieux ne souffre pas d'être contredit. Il a instauré, à son profit, le dogme de l'infaillibilité. Tout est parfait dans son domaine. Y découvrir une faute, un relâchement, un vice, c'est lui faire injure. Un conseiller municipal, M. Jules Roche, se plaint des mauvaises odeurs qui se dégagent dans Paris. M. Andrieux ne trouve rien de mieux à répondre à son contradicteur que de lui reprocher son passé clérical et d'avoir fait nommer évêque un abbé de sa parenté. Pendant ce temps, la banlieue continue à déverser sur Paris ses odeurs de poudrette et empoisonne l'atmosphère. Tandis que les râfles et les descentes de garnis se multiplient, pour exaspérer M. Yves Guyot, les assassins courent sans qu'on puisse mettre la main dessus. Il n'y eut jamais en si peu de temps, une telle suite de crimes impunis (affaire Lecercle, affaire Marie Fellerath, affaire veuve Joubert, affaire Bassegeaud, Leclerc, Boyer). C'est que M. Macé, chef de la sûreté, est tenu en laisse par l'omnipotent Caubet, qui lui souffle ses meilleurs limiers pour les employer aux filatures politiques. Mais, dira-t-on, la tâche de M. Andrieux était écrasante. Venu pour réorganiser, il avait à faire face à tant de nécessités que des accrocs étaient inévitables. Il ne pouvait reconstruire avant d'avoir déblayé. Examinons donc comment M. Andrieux avait déblayé.

M. Andrieux avait reçu mission de désarmer une partie de la presse hostile. Il s'en met, tout de suite, l'ensemble à dos par une mesure mesquine et maladroite. Il refuse un coupe-file à M. Mayer, directeur de la *Lanterne*. Tous les directeurs de journaux s'en trouvent blessés, et font chorus par esprit de solidarité.

M. Andrieux avait reçu mission de réconcilier les deux préfectures. A peine installé, il déclare qu'il n'a aucun compte à rendre au Conseil municipal. Il s'y présente, botté comme Louis XIV devant le Parlement, où, mieux encore, suivant sa propre image, il y descend, la cravache à la main, comme le dompteur dans la cage aux fauves, qu'il se plaît à faire bondir et hurler. Un conseiller lui annonce qu'il l'interpellera tel jour, M. Andrieux en profite pour ne pas paraître en séance ce jour-là.

M. Andrieux était chargé de rétablir les bonnes relations rompues avec le Parquet. Il n'a rien de plus pressé que de les envenimer, en exigeant que toutes les communications faites aux commissaires de police, auxiliaires du procureur de la République, passent par ses mains et soient soumises à son agrément. Il s'oppose à l'exécution d'un mandat de M. le juge d'instruction Guillot (aff. de la rue Duphot).

M. Andrieux allait un peu fort, comme disaient nos poilus. Il travaillait à se rendre impossible et c'est pourquoi lorsqu'entrant, le 1er juillet 1881, chez M. Constans, ministre de l'Intérieur, il lui déclare à brûle-pourpoint : « Je viens vous annoncer une bonne nouvelle », l'autre, fin matois, ne put se retenir de lui répondre : « Je vous remercie de m'apporter votre démission ! » M. Constans se sentait débarrassé d'un enfant terrible. Rien ne pouvait lui être plus agréable. Il fut si ravi qu'il le retint à déjeuner. On devine que le repas fut gai et ne manqua pas, entre deux si rusés compères, de propos savoureux. Que d'oreilles durent tinter ce jour-là, dans Paris !

« Un bon conseil ! » dit en partant M. Andrieux, au ministre, pour le remercier de son obligeant accueil : « Ne prenez jamais, pour préfet de police, un député ! »

M. Andrieux n'avait jamais énoncé de vérité plus évidente. Il eût pu ajouter « ni un politicien ». Là-dessus, il partit villégiaturer pour Dieppe où, devant la vaste mer, il eut tout loisir de méditer et de faire un sage retour sur lui-même. Il avait trouvé la préfecture de police menacée, il la laissait compromise. Il s'y était usé les ongles, l'espace d'un éclair. Il eût pu rendre des services en d'autres temps. Il n'a pas su s'adapter. Mais peut-être n'en avait-il point le désir. Peut-être lui suffisait-il d'avoir occupé la scène et d'y avoir fait preuve d'une si étourdissante *maestria* que ceux-mêmes qui ont sifflé la musique n'ont pu s'empêcher d'applaudir le ténor. Il n'en est pas moins vrai qu'on peut lui reprocher, tout en rendant justice à son *brio* étincelant, d'avoir oublié que la Préfecture de police ne donne de fruits excellents que ceux qu'elle mûrit en silence, et qu'elle craint le bruit à la façon des honnêtes femmes. Sur ce dernier chapitre, tout le monde est d'accord que la meilleure n'est jamais celle dont on discute le plus, mais celle dont on parle le moins.

XIII

Mᵣ LÉPINE

Le départ de M. Andrieux n'avait pas suffi à remettre les choses en place ni à extirper de l'Administration cet esprit tracassier, legs du régime impérial, ce vieux levain de révolte et d'hostilité contre les institutions libérales. Son successeur, M. Camescasse avait vu se soulever contre lui la Jeunesse des Écoles, qui l'avait, à tort ou à raison, surnommé *Camescasse-tête*. On espérait beaucoup de M. Bourgeois, nature fine et avisée. Il n'avait fait que passer (4 mois) le temps de constater qu'il s'était fourré dans un guêpier et d'y prendre la résolution de s'en évader au plus vite, épouvanté de la profondeur du mal et de son impuissance à y remédier. Et le mal n'avait fait que d'empirer avec M. Gragnon, bientôt emporté par la tourmente des scandales Wilson, et M. Lozé, emporté dans les remous de l'affaire Nüger.

En réalité, depuis longtemps, la Préfecture de police était gouvernée par deux hommes retors et d'influence néfaste : le contrôleur-général Boissenot et le commissaire de police Clément. Le premier, à force d'empiétements successifs, s'était assuré la haute main sur tous les services, en y recrutant, pour son système d'espionnage occulte, tout ce qui s'y trouvait d'individus sans scrupules. Il s'ensuivait que ces individus, auxquels il lâchait la bride et que sa protection rendait intangibles, faisaient loi, chacun dans leur petite sphère, et que les éléments sains de l'administration s'en voyaient brimés, réduits au découragement ou à l'impuissance. Le second, M. Clément, qui semblait avoir reçu ce nom du Ciel par ironie, avait fait ses premières armes, sous l'Empire, à l'école de Piétri, l'organisateur des *blouses blanches*. Il en avait gardé l'humeur et en perpétuait les errements. C'était un homme intègre, mais mal embouché, une sorte d'adjudant de quartier, toujours à faire claquer son fouet. Il était de ceux à qui songeait Talleyrand quand il conseillait « Pas de zèle ! » M. Clément brouillait tout de son zèle intempestif. Il envenimait par son intervention brutale, les affaires les plus anodines. Dans les services de voie publique, dont on n'oubliait jamais de le charger, son attitude provocatrice organisait le désordre. Il considérait du même œil les curieux et les manifestants, sur lesquels il lâchait indifféremment ses troupes avec un geste enragé qui semblait dire : « Tuez les tous ! Dieu reconnaîtra les siens ! »

Ces pratiques, valables aux temps du droit divin,

ne correspondaient plus aux aspirations d'un régime démocratique. D'un coup d'œil, M. Lépine en avait mesuré le danger. Son premier soin fut d'éliminer de l'Administration ces deux fauteurs de troubles, ces deux agents d'impopularité et tous ceux qui leur faisaient épaule. Il n'hésita pas à recourir aux coupes sombres qu'exigeait l'épuration de son personnel et il fit preuve, pour y suppléer, de la qualité maîtresse d'un chef, qui est de savoir choisir ses hommes. Il avait, sur ses prédécesseurs, l'avantage d'avoir passé par la filière, puisqu'il avait été secrétaire général de la Préfecture et qu'il en connaissait les rouages secrets. Il appela à lui des collaborateurs sages et prudents : Mouquin, Cochefert, Noriot, Bouvier, pour ne parler que de ceux-là. Il se montra particulièrement bien inspiré en tirant de l'ombre des commissariats, où l'avait confiné l'animosité du despote Boissenot (le vice et la vertu n'ont jamais pu s'entendre), le probe et avisé M. Touny auquel il devait bientôt confier la direction de la Police municipale. Il ne pouvait s'associer un homme de pratique plus exercée, de vue plus droite et de meilleur conseil. C'était montrer sa résolution de purger l'atmosphère de ses bureaux et de rendre le souffle libre aux honnêtes gens, mais la réforme intérieure n'était rien encore au prix de ce qui lui restait à accomplir. Il fallait réhabiliter la Préfecture de police dans l'esprit public et lui restituer son prestige. Il fallait reconquérir les bonnes grâces du pouvoir, les sympathies du Parquet et rétablir les relations rompues avec le Conseil municipal. M. Lépine, instruit par l'expérience, entreprit d'y réussir en prenant le contrepied de ses prédécesseurs. Ce fut une satisfaction générale que de l'entendre proclamer cette maxime trop oubliée : qu'on ne peut gouverner contre l'opinion. M. Lépine prit, surtout, le contre-pied de son prédécesseur immédiat, M. Lozé. Ce dernier, infatué de sa personne (on l'avait surnommé dans la presse le *Dindon majestueux*) s'était à la façon d'un grand seigneur, entouré d'un faste protocolaire, creusant entre lui et l'ensemble de ses subordonnés, une barrière infranchissable. M. Lépine rétablit le contact en supprimant l'étiquette. Il laissait la porte de son cabinet ouverte. L'abordait qui voulait. A toute heure de jour et de nuit, on le trouvait à la disposition d'un chacun. Il n'entendait plus se laisser chambrer par son état-major ni par une coterie d'arrivistes et d'intrigants. Pour mieux se renseigner aux sources, il ne dédaignait pas de se promener dans les rues, seul, sans escorte, de visiter à l'improviste les postes et les commissariats pour s'assurer de leur bon fonctionnement. Il s'entretenait avec l'un, avec l'autre, questionnait les agents, poussait la curiosité jusqu'à intervenir dans les rassemblements formés sur la voie publique par le plus minime incident, et contribuait à les disperser. Il ne croyait pas déchoir, comme l'eût fait M. Lozé, en s'occupant de petits détails, tant il était soucieux de remédier à toutes les imperfections. S'étant aventuré, un jour, jusque sur les quais de la Villette, il remarqua qu'un planton que l'on y avait installé à demeure pour la manœuvre d'un pont tournant y restait à découvert, exposé aux intempéries des saisons. Il fit établir une guérite. Ces façons l'avaient accrédité dans son personnel. On l'aimait, et c'est le seul préfet auquel les commissaires de police aient, spontanément, dans un élan de reconnaissance, offert un banquet cordial. Ce n'est pas qu'il fît preuve d'un excès de courtoisie à leur égard, ni qu'il cherchât à se les appâter d'un visage débonnaire et souriant. Il était plutôt brusque dans les relations de service et parlait haut et net. Sobre de gestes, bref en paroles, il commandait souvent des sourcils et il les avait prompts à se froncer. On tremblait, les jours de manifestations, lorsqu'on le voyait tortiller sa barbiche d'un doigt nerveux. C'était signe que quelque chose allait mal et que son tonnerre allait éclater, et s'il lui arrivait — d'ailleurs rarement — dans le feu de l'action, de se courroucer trop vite, on savait que la réflexion ne tarderait pas à amener chez lui une réaction salutaire et que sa plus chère ambition était de se montrer, en tout et pour tout, équitable. Nous l'avions surnommé *Louis-le-Juste* (Louis était son prénom). Il en avait eu vent, et confiait dernièrement encore à l'un de ses amis, que, dans tout le cours de sa longue carrière, c'est l'hommage qui lui avait été le plus sensible.

Il exigeait de ses subordonnés le maximum d'activité, mais comment ses subordonnés auraient-ils pu s'en plaindre, puisqu'il les prêchait d'exemple ? Il se multipliait. On le voyait partout à la fois. Il accourait à la moindre alerte. Qu'un sinistre éclatât quelque part, il était le premier sur les lieux, s'exposant témérairement au danger, animant tout du feu de

son intrépidité. Il surgissait à vos côtés, il vous interpellait. On le croyait encore à deux pas de soi, que
sa silhouette surgissait, dans les flammes, au haut
d'une échelle de pompiers. Il réapparaissait, noir de
fumée, les vêtements ruisselants, courant où l'appelait une mesure de précaution à prendre, un sauve-
tage à opérer.

On ne se figure pas à quel point il sacrifiait ses
aises au bien public et donnait le pas sur ses propres
affaires aux intérêts du service.

J'ai dit qu'il était sobre en paroles dans les relations de service, mais quand il lui fallait parler dans
les cérémonies publiques et dans les banquets officiels, il se révélait orateur-né. Il empoignait le discours avec fougue, sans l'ombre d'une hésitation. Sa
voix s'enflait dès le début et roulait jusqu'au bout,
sans défaillance. C'était une vague qui emportait tout
sur son passage, une charge à fond de train, expi-
rant toujours au milieu d'un tonnerre d'applaudissements.

J'ai dit aussi que M. Lépine avait aboli l'étiquette. Il laissait volontiers au vestiaire les redingotes
solennelles, les chapeaux hauts-de-forme à huit
reflets, la cravate blanche et les gants gris-perle de
ses prédécesseurs. Il n'hésitait pas, à l'occasion, à
prendre la tête des cortèges en jaquette et en chapeau
melon, mais ce pratique Lyonnais, qui sut se mériter
d'être appelé « le plus parisien des préfets », savait
le peuple de Paris cocardier. Et peut-être était-il un
peu cocardier lui-même, dans le fond, et c'est ce
qui l'inclinait à s'occuper de préférence de la police

municipale, parce qu'il y pouvait, entouré d'uniformes, jouer au colonel. Ce titre de « colonel » ne
se l'était-il pas décerné, un jour, à la tribune du
conseil municipal ? Les conseillers affectèrent de s'en
esclaffer. C'est qu'ils oubliaient le rôle glorieux joué
par les gardiens de la paix militarisés en 1870. Au
début du siège de Paris, on les avait vus prendre part
aux opérations de l'armée régulière et s'y couvrir
d'exploits sous la conduite de leurs officiers de paix,
devenus capitaines. Leur chef était alors M. Ansart,
nommé au 4 septembre, l'une des plus nobles figures
dont, au cours de ces dernières années, puisse s'hono-
rer la Police municipale, et qui serait illustre si l'on
pouvait s'illustrer dans des fonctions que la foule fait
métier de mépriser. M. Lépine n'avait donc pas tort
de se considérer comme un colonel. Il en avait le
caractère, la flamme patriotique, et je suis sûr qu'il
en eût rempli le rôle avec courage, lors de la dernière guerre, si les circonstances le lui avaient permis. Ce que l'on peut affirmer, c'est qu'il n'aurait pas
déserté son poste, comme le fit M. Hennion qui
s'éclipsa, abandonnant ses troupes en plein désarroi,
dès qu'il apprit l'avance des Allemands sur Paris.
M. Hennion, qui avait pris possession de la Préfecture de police avec fracas, jurant qu'il y apportait
toutes les vertus, se révélait ainsi sous son véritable
jour.

Donc, M. Lépine agissait en colonel, soucieux de
se mériter l'applaudissement des Parisiens. Il avait
établi, à la Police municipale, une discipline toute
militaire. Il voulait voir les détachements d'agents

marcher, dans la rue, au pas, comme les soldats. Il leur faisait exécuter des maniements d'armes dans la cour de la caserne de la Cité, qu'il surveillait lui-même du haut d'une fenêtre. Bien entendu les officiers de paix devaient commander leur compagnie en véritables capitaines. Ce me fut l'occasion de rouvrir mes manuels du régiment. Je me croyais revenu à l'époque du « volontariat ». Mon passage sous les drapeaux ne m'avait donc pas été inutile, ni le certificat que j'en avais rapporté, constatant qu'ayant satisfait avec la note *Bien* à tous les examens, j'étais jugé digne de remplir avec aptitudes les fonctions de « soldat de deuxième classe ». Ainsi le voulait l'imprimé, pour mes camarades et pour moi, sauf pour les dix premiers qui, sur soixante que nous étions, s'étaient vus à la fin de l'année décerner les galons de sergent et de caporal.

M. Lépine entendait, par ces façons, flatter l'esprit chauvin de la foule et désarmer un peu les préventions de l'opinion publique à l'encontre des gardiens de la paix. Il employait même, à la leur concilier, jusqu'à des petits moyens que l'on pouvait estimer futiles, à première vue, mais qui ne laissaient pas de dénoter de sa part un sens délié des réalités et un instinct de psychologue. Les candidats gardiens de la paix étaient soumis, au préalable, à un examen physique et à un examen écrit. M. Lépine voulut se charger lui-même de leur examen oral. Il faisait venir les admissibles dans son cabinet, et se basait, pour les enrôler définitivement, non seulement sur leurs réponses et sur leur vigueur corporelle, capable de tenir la racaille en respect, mais sur les traits de leur physionomie.

Je le vis, un jour, entrer au poste central du VIIe arrondissement, impressionné par la silhouette décorative du gardien de planton.

— Pourquoi, me demanda-t-il à brûle-pourpoint, cet homme-là n'est-il pas sous-brigadier ? Il en a, pourtant, la mine.

Et il le nomma sous-brigadier le lendemain. Il va sans dire que l'homme le méritait par ses états de service et qu'il ne s'en fallait que d'une vacance qu'il ne le fût déjà. Le mobile qui faisait agir ici M. Lépine n'avait rien de comparable à celui de S. M. Henri III, qui trouvant un jour, à la Foire Saint-Germain, le porte-faix Benoise endormi, imagina sur la seule recommandation de son heureuse plastique, de l'anoblir et de le créer secrétaire de cabinet, en disant : « Voilà un homme qui pourra se vanter que le bien lui est venu en dormant. » Je suis persuadé qu'à l'encontre du monarque, M. Lépine se fût abstenu d'octroyer les galons de sous-brigadier à mon colosse Apollon, si ses notes de service n'y eussent contribué, et la preuve que M. Lépine avait deviné juste, c'est que même après son départ, ce gardien a continué à faire son chemin et qu'il est devenu inspecteur principal, le plus haut échelon auquel il pût prétendre.

Je n'en étais pas moins resté frappé de la réflexion de M. Lépine et ma plume, se reportant à l'époque de l'affaire Nüger, en avait griffonné un sonnet paro-

diant celui de Sully Prud'homme (1) où j'imaginais
le Préfet sous l'inspiration de son Egérie, se murmu-
rant à lui-même :

Une femme m'a dit en songe : « Tes gardiens
Traînent de tout Paris l'implacable anathème,
En dépit du métier, si tu veux qu'on les aime,
Choisis nous les, beaux de visage et de maintien.

Nous saurons, en retour, par un sûr stratagème,
Faire de nos maris tes plus fermes soutiens,
Et ta sagesse aura résolu ce problème
De rendre la police aimable aux citoyens. »

J'ouvris les yeux, rêvant aux étalons-modèle
Du Perche et de Rouergue, enrôlant, pêle-mêle,
Tout ce qu'on put trouver de gaillards bien formés.

J'ai compris la plastique et qu'à l'heure où nous sommes
Mes agents se devaient d'être les plus beaux hommes
Et depuis ce jour-là, je les sais tous aimés,

(1) Il s'agit du sonnet célèbre :

Le laboureur m'a dit en songe : « Fais ton pain
Je ne te nourris plus, gratte la terre et sème, »
Le tisserand m'a dit : « Fais tes habits toi-même »,
Et le maçon m'a dit : « Prends la truelle en main ».

Et, seul, abandonné de tout le genre humain
Dont je traînais partout l'implacable anathème,
Quand j'implorai du ciel une pitié suprême,
Je trouvai des lions debout sur mon chemin.

J'ouvris les yeux, doutant si l'aube était réelle :
De hardis compagnons sifflaient sur leur échelle,
Les métiers bourdonnaient, les champs étaient semés,

Je connus mon bonheur et qu'au monde où nous sommes
Nul ne peut se vanter de se passer des hommes ;
Et depuis ce jour-là je les ai tous aimés.

Après tout, M. Lépine n'avait pas tort de tabler sur ces petits côtés. Il avait, sans doute, lu chez Pascal que la forme d'un nez peut influer sur le cours des événements et changer la face du monde. C'est peut-être aussi qu'il songeait à ces agents de police minables, que l'on rencontre en province, traînassant dans les rues d'un pas affalé, et qui donnent une si fâcheuse opinion de leur municipalité. L'idée du passant est tout autre lorsqu'il avise, sur le trottoir, un gaillard leste et bien découplé correctement sanglé dans son uniforme. L'heureuse impression qu'il en reçoit rejaillit sur toute la corporation. Il n'est si bonne maison qui ne retire profit de la bonne mine de ses serviteurs.

— Je ne veux pas, disait M. Lépine, de ces visages disgraciés qui éloignent la sympathie. Ce serait jeter la déconsidération ou le ridicule sur l'administration !

En somme, si M. Lépine choisissait des agents au front de paladin, et bâtis à la Rodrigue, c'était pour que tout Paris pût les contempler avec les yeux de Chimène.

Et cela n'eût été contestable que s'il eût fait complète abstraction de leurs qualités morales, mais il ne négligeait rien pour leur instruction. Il avait organisé à leur usage, non seulement des conférences faites, dans les postes, par les gradés et les officiers de paix pour les éclairer sur leurs devoirs et les choses du métier, mais des conférences faites, dans les mairies, par des conférenciers de profession, pour leur ouvrir et leur orner l'esprit. Ce pauvre Léo Claretie y fut souvent mis à contribution. Je l'ai entendu traiter devant les agents des sujets moraux ou littéraires qu'il savait mettre à leur portée et leur rendre intéressants.

Pour stimuler l'esprit d'abnégation et de discipline des gardiens de la paix, M. Lépine en avait fait dresser l'Historique. C'était comme leur *livre d'or* où étaient consignés leurs actes de dévouement, et il n'en négligeait pas, pour cela, les autres parties de son administration, auxquelles il dédiait un nouveau *Répertoire de police* qu'il ne cessa, durant tout son préfectorat, de compléter et mettre à jour, en même temps qu'il créait le service anthropométrique et jetait les fondements du Musée de police.

Il améliora l'esprit général de tout son personnel en faisant disparaître les pratiques de favoritisme qui avaient sévi sous ses prédécesseurs avec une telle acuité qu'elles avaient fini par tout gangrener. Plus de supercheries d'examen. Plus de passe-droits scandaleux. Plus de tableaux d'avancement truqués. Chacun était promu au grade supérieur suivant son tour d'ancienneté ou d'admission à l'examen. Il faut reconnaître qu'en cela M. Lépine fut admirablement secondé par M. Laurent, secrétaire général, qui ne s'est jamais départi de la plus stricte équité et qui ne tenait compte, pour les candidats de toutes catégories, que des recommandations de leur chef de service. Une circulaire avait même été édictée, faisant défense sous peine de punition sévère et de perte de leurs avantages auxdits candidats de se faire appuyer par des politiciens ou des personnalités étrangères à l'administration.

L'Empire avait armé les agents de casse-tête

M. Lépine les arma du bâton blanc. Ce bâton blanc peut être considéré comme le symbole de son règne, le signe de l'heureuse évolution de mœurs qui s'en est suivie.

Il n'y eut, pour en grogner, que quelques vieux débris de l'ancien régime, et des brigades centrales supprimées, dont je m'étais amusé à reproduire, comme suit, les doléances :

> Le vent ployait le feu des réverbères,
> La pluie à flots ruisselait dans la nuit,
> Seuls, à l'abri d'une porte cochère,
> Deux vieux agents se contaient leur ennui.

> « Ah ! disait l'un, tout va de mal en pire,
> Viens ranimer notre honneur expirant,
> Ciel ! et rends-nous les beaux jours de l'Empire,
> Où notre place était au premier rang.

> « Quand, inclinant le bicorne avec grâce,
> En frac de ville et l'épée au côté,
> Je me voyais, en passant, dans la glace,
> J'en éprouvais un regain de fierté,

> « Magique effet de mon feutre à cocarde,
> On m'adorait, et ni les voltigeurs,
> Et ni Prévost (1) mon ami, le cent-garde,
> Autant que moi ne ravageaient les cœurs.

> « Sous l'uniforme on avait du prestige,
> Ma légitime Adèle, il t'en souvient,
> Mais, aujourd'hui, l'habit qu'on nous inflige
> Tient du facteur et du collégien.

(1) Voir le tome Ier de mes *Souvenirs de police*. Un gardien de la paix assassin.

« Vive autrefois ! Dans les jours de tempête,
Lorsque l'émeute entrait en branle-bas,
On se ruait à coups de casse-tête
Et sans scrupule on tapait dans le tas !

« Mais, à cette heure, on nous rit aux moustaches,
Et, sans rien dire, à cause des journaux,
Faut écouter : « Bas les Flics ! Mort aux vaches ! »
Et, sans répondre, accueillir les pruneaux.

« Nos officiers n'ont plus rien dans les veines,
Oui, j'en atteste et Rouher et Piétri,
Des bâtons blancs ! voilà nos armes vaines ! »
— L'autre approuvait d'un chef endolori.

La voix se tut. Une angoisse profonde,
Les tint pensifs jusqu'à l'heure où le bruit
Les éveilla du brigadier de ronde,
Et, toujours, l'eau crépitait dans la nuit.

Je n'ai pas dessein de résumer, ici, la carrière
de M. Lépine. J'aurai assez souvent l'occasion d'y
revenir au cours de ces *Souvenirs*. J'ai tenu simplement à esquisser sa silhouette à grands traits pour
expliquer les raisons de sa popularité et montrer comment, en moins de trois ans, M. Lépine avait accompli ce miracle de réconcilier la Préfecture de police
avec le Parlement, le Parquet, l'Hôtel de ville et l'opinion publique. Ce peu de temps lui avait suffi pour
renflouer un bâtiment disjoint et le mettre en état de
reprendre la mer.

XIV

LES QUINCONCES DE L'ESPLANADE
DES INVALIDES

Leurs Majestés parties, la vie normale reprit dans
mon arrondissement, mais cette vie normale était
encore de la fièvre au prix de celle que la plupart de
mes collègues menaient dans le leur. Car, outre que
je n'étais dispensé d'aucune des obligations du service ordinaire, il me fallait, encore, servir de trait
d'union entre la Préfecture de police et les divers
ministères, surveiller les travaux de l'Exposition en
cours et assister aux séances de la chambre des députés,
sans compter mille petites alertes qui venaient traverser mon repos et dont voici un exemple. La
presse menait à ce moment grand tapage pour quatre
arbres abattus de l'esplanade des Invalides en vue de
l'établissement d'un baraquement de voirie. C'était,
disait-elle, saboter le paysage, attenter à la beauté de
Paris et contrevenir aux lois de l'hygiène. J'étais
associé de cœur à cette campagne de presse, parce que
j'aime les arbres et que j'estime qu'ils constituent
un réservoir d'oxygène indispensable aux poumons

des citadins, mis à mal par tant de fumées nocives
et d'émanations délétères. Je ne puis me retenir d'un
serrement de cœur chaque fois que je vois disparaître
un jardin et la truelle des maçons s'exercer là où
régnait un peu d'ombrage salutaire. Mon sentiment
s'était déjà fait jour dans les vers suivants :

Paris est menacé d'un désastre certain ;
Une lente asphyxie y couve ses ravages,
Tant les maçons sont pris d'une sorte de rage
A démolir ce qui nous reste de jardins !

Au lieu du feu tremblant de l'eau sous les feuillages,
Des champs où la rosée étincelle au matin,
On ne voit plus qu'un monstrueux amas d'étages,
Où la clarté du jour impuissante s'éteint.

Des choses de rapport viennent jusqu'en banlieue,
Chassant la flânerie ivre et l'extase bleue,
Nous parler de caserne ensemble et de prisons ;

Et, pour nous réjouir, dans ce décor de pierres,
Bientôt nous n'aurons plus que les arbres qui sont
Plantés comme ornements dans les vieux cimetières.

En ce qui concerne l'esplanade, l'administration,
prise violemment à partie, avait juré ses grands dieux
que le vandalisme se limiterait à ces quatre arbres et
qu'elle n'avait nullement l'intention de toucher aux
autres. L'endroit garderait sa glorieuse couronne de
verdure. Or, un beau matin, on vint me prévenir
qu'une équipe de bûcherons était en train de jeter à
bas, sur la dite esplanade, une rangée d'ormes magni-
fiques. Je m'étonnai qu'on n'eût pas jugé à propos de

me prévenir, alors qu'il est d'usage que l'officier de paix, gardien de la voie publique, soit tenu au courant des plus minimes travaux qui doivent y être exécutés, et qu'on ne peut y laisser stationner une brouette ni planter un piquet sans qu'il en ait reçu l'avis préalable et, même, le plus souvent, sans qu'on lui ait demandé son assentiment. Je pouvais donc croire à un malentendu. Je me rendis sur les lieux. J'interpellai le chef de l'équipe. Il se retrancha derrière un ordre reçu du service des plantations, qu'il me montra effectivement, scellé de cachets authentiques et couvert d'un tas de paraphes illisibles, mais hiérarchiquement disposés. Je revins à mon bureau, déjà plein de *reporters* instruits de la chose et qui s'inquiétaient de savoir d'où émanait cet ordre de dévastation après tant d'assurances formelles données en haut lieu. Les *reporters*, courant en fiacre, avaient déjà interrogé les chefs des divers services compétents. Tous s'étaient défilés, jouant l'ignorance. Les *reporters* étaient venus à moi en désespoir de cause, comme si je pouvais leur fournir le mot de l'énigme, et, pour un peu, j'allais prendre, à leurs yeux, figure de responsable, en cela du moins qu'ils pensaient que j'aurais dû m'opposer à l'exécution d'un ordre si préjudiciable et dont le véritable auteur refusait d'endosser la paternité. Je télégraphiai à la Préfecture de police, demandant des instructions pour arrêter la besogne, s'il y avait lieu, et je me rendis au ministère intéressé, où l'on me renvoya de bureaux en bureaux, et d'où je sortis, après en avoir fait le tour complet, aussi perplexe que j'y étais entré. Ne recevant pas de réponse de la préfecture et voyant que le massacre continuait, je flairai bientôt un coup monté de quelque omnipotent bureaucrate, décidé à agir vite pour mettre la presse et l'opinion hostiles en présence du fait accompli. La gare des Invalides n'existait encore qu'à l'état de projet, mais c'est sur son futur emplacement que l'on abattait les arbres. Evidemment, puisque la construction en était décidée, il fallait bien lui créer de l'espace et du jour et lui sacrifier une partie des quinconces. Aussi n'est-ce pas pour son étrangeté que je rapporte ce fait, mais pour marquer la façon dont M. le Bureau sait, au service des puissantes compagnies, conduire ses affaires et venir à bout des résistances de l'opinion. On avait dû bien rire de ma candeur au ministère et à la Préfecture de police, quand j'alléguais, pour expliquer ma démarche, l'émotion de la presse et du public; et l'on peut encore ici trouver la preuve que si nos cartons-verts méritent assez souvent le reproche de nonchalance, ils savent s'en départir et brûler les étapes à l'occasion.

XV

LE PALAIS-BOURBON EN 1896

Le VIIe arrondissement comprend les quartiers de Saint-Thomas d'Aquin, des Invalides, de l'Ecole militaire et du Gros-Caillou. C'est dire qu'on y parcourt toute la gamme sociale, puisqu'on y trouve avec l'élite de l'aristocratie française, la noblesse du faubourg Saint-Germain, plus fermée que celle du faubourg Saint-Honoré ou de la plaine Monceau, et, avec le monde du haut négoce, des grands magasins, (*Bon Marché — Petit Saint-Thomas* (1)......) une forte proportion de clientèle pauvre et ouvrière, le peuple remuant des casernes et la tourbe des débardeurs des quais ; voisinage des quartiers de Javel et de Grenelle, qui n'étaient alors qu'une sorte de banlieue rongée de lèpre, où, parmi les terrains vagues servant de chantiers et de lieux de décharge, se dressaient des usines, des bâtisses vermoulues et d'ignobles guitounes, lui infligeait le va-et-vient de gens sans aveu et de purotins suspects. Il y avait, aussi, toute une

(1) Aujourd'hui disparu.

population nomade qui venait d'en prendre possession et qui ne constituait pas une confrérie de premier choix. Je parle de la clique cosmopolite, de
milliers d'équipes de terrassiers et de maçons, d'ar-
tisans de tout poil, en train de bouleverser le Champ
de Mars pour y planter la galerie des machines et
les bâtiments de l'Exposition. Ils avaient élu domicile dans les garnis avoisinants et, leur besogne terminée, se déversaient en foule chez les bistrots et dans
les rues, en fringale d'amusements, de ribotes et
de bruit. Le jour, on se tirait assez facilement de
la surveillance, mais, dès la nuit tombée, l'opération se compliquait. Il devenait urgent d'inspecter
soigneusement la solitude des quais et des larges
avenues.

La tâche était d'autant plus ardue que, partout,
s'élevaient des palissades dont le vice errant pouvait
se couvrir, et c'est moins le vice qui m'inquiétait
que les rixes et les discussions qu'il engendre, et
comme, chaque soir, j'avais à fournir un nombre
appréciable de « plantons » pour les fêtes, les bals,
les réceptions des ministères, des ambassades et des
hôtels particuliers, il m'arrivait souvent de déplorer
mon insuffisance d'agents.

Bien entendu, mon grand souci demeurait le Palais-
Bourbon. Il ne me fallait pas seulement assister à
toutes les séances de la Chambre, il m'en fallait suivre
attentivement toutes les discussions et en transmettre
télégraphiquement le résumé, heure par heure, au
directeur de la police municipale. Dans ce milieu pri-
vilégié et sonore, où le moindre incident s'enfle aux

proportions d'un événement capital, et où tout le monde était sur les dents depuis l'attentat Vaillant, j'avais à m'effrayer du poids de ma responsabilité. Je savais ne pouvoir compter sur la bienveillance de mon chef direct, M. Gaillot, que les circonstances de ma nomination avaient indisposé contre moi. Il y avait vu une mesure de défiance à son adresse, une atteinte à ses prérogatives, et m'en rendait responsable. J'étais persuadé qu'il n'attendait qu'une occasion de me faire sentir sa mauvaise humeur. Mais pourquoi aurais-je compté sur mon chef, puisque je savais ne pouvoir compter sur personne, pas même sur moi, ni sur mon assiduité aux séances, pour éviter les « tuiles » car, avec mes obligations multiples, cette assiduité ne pouvait être absolue, et j'avais assez d'exemples sous les yeux du pouvoir inéluctable de la Fatalité pour ne pas me flatter d'une fausse sécurité. Je me souvenais que M. Roy, mon prédécesseur, qui était le scrupule incarné et qui s'était fait une loi de ne jamais démarrer de la Chambre, tant qu'y durait séance, ne s'en était absenté qu'une seule fois, durant l'espace d'un quart d'heure, et que c'était précisément le moment qu'avait choisi Vaillant pour y jeter sa bombe. Je me souvenais que le commissaire de police Véron, qui ne ratait jamais une représentation de l'Opéra-Comique, quand il y était de service, tant il était friand de ce genre de spectacle, et qui s'y rendait dès avant le lever du rideau, pour n'en pas perdre une bouchée, ne se laissa attarder qu'un seul soir ; et c'est précisément celui où le théâtre brûla. Lorsqu'il se présenta, le bâtiment n'était plus qu'un brasier (1).

J'avais, pour mes entrées au Palais-Bourbon, reçu mes lettres d'investiture des mains de son président, M. Brisson, auquel j'avais été, le lendemain de ma nomination au VIIe arrondissement, présenté avec le cérémonial accoutumé. « Présenté » n'est ici qu'une façon de parler. Je le connaissais, puisqu'il était député du Xe arrondissement, où j'avais été secrétaire de police, et que nous nous étions précédemment rencontrés en maintes circonstances, mais il fallait bien respecter les formules protocolaires. M. Brisson, né-pontife, avait, en sa qualité de haut dignitaire de la franc-maçonnerie, la superstition des gestes rituels et symboliques. C'était une sorte de géant, un gros homme tout noir, avec deux énormes poches sous les yeux, et qui ne riait jamais. Il flottait autour de sa personne une telle atmosphère rigoriste que tout ce qu'il débitait, d'une voix grave, sourde et lente, prenait les allures d'un sermon.

Chaque fois que le président de la Chambre vient prendre séance, les honneurs lui sont rendus par un piquet d'infanterie. Du moins en était-il ainsi de mon temps et je suppose que la tradition s'en est conti-

(1) C'était peut-être une grâce du ciel qui lui avait épargné la mort, car il eût risqué d'y demeurer rôti comme tant d'autres, mais estimant qu'il lui eût suffi d'être là pour empêcher la catastrophe qu'on n'allait pas manquer de lui imputer, épouvanté des graves sanctions qui pouvaient s'en suivre, il s'en était désolé comme d'une cruauté du sort. Et c'est pourquoi il avait été traversé par l'idée du suicide et que l'on eut toutes les peines du monde à l'empêcher de se précipiter dans les flammes.

nuée. Les soldats font la haie, dans la salle des Pas-Perdus, sur le chemin qui mène de ses appartements au couloir de la salle des séances. Dès que le président paraît, à deux heures précises, en habit noir et cravate blanche, entouré de ses secrétaires, retentit le cri de « Présentez armes ! » et les tambours battent aux champs. L'officier commandant le détachement salue le président de l'épée, lui fait escorte d'une porte à l'autre et, au moment où il va disparaître, le salue à nouveau. Cette petite cérémonie ne laisse pas que d'être assez impressionnante, d'autant plus que le bruit du tambour, le cliquetis des armes, les cris de commandement, répercutés sous les voûtes, font autour du président comme autour d'un dieu tombé du ciel, un fracas de tonnerre. Il fallait voir de quel pas gourmé M. Brisson franchissait la haie du piquet d'honneur et de quel air solennel il répondait au salut de l'officier, moins par vanité, j'imagine, que pour se conformer à la haute idée qu'il se faisait de sa fonc-tion. Peut-être même était-ce un peu de timidité qui le faisait se roidir jusqu'à paraître glacial. L'espiègle et malicieux Clovis Hugues, qui avait reçu le coup de soleil du midi, faisait mine, quand il assistait à ce défilé, de relever le collet de son pardessus, comme au passage d'un courant d'air.

— Vraiment, me disait-il un jour, je ne sais pour-quoi Brisson prend ce front lugubre ? Il m'évoque, au milieu de ce déploiement militaire, plutôt l'image d'un condamné à mort, marchant au supplice, que celle d'un haut magistrat allant prendre possession de sa chaise curule.

Clovis Hugues exagérait, mais il est vrai que M. Brisson n'avait rien d'enjoué et que son seul aspect suffisait à décourager les idées folâtres.

J'avais également été présenté à ces messieurs de la questure : MM. Guillemet (député de la Vendée), Bizarelli (député de la Drôme) et Royer (député de la Meuse) qui ne cessaient d'appréhender un forfait anarchiste ou une manifestation populaire (c'était au moment du procès Arton et de la publication de la liste des « chéquards » du *Panama*). Ils ne savaient à quel saint se vouer, partagés qu'ils étaient entre le souci de leurs obligations et la peur du ridicule. On avait tellement chansonné Madier de Monjaud et ses artichauds ! (C'étaient les piquants de fer dont il avait armé les murs du Palais-Bourbon). Depuis la bombe Vaillant, un système de sonnerie d'alarme avait été aménagé, de manière qu'au premier signal toutes les issues du Palais-Bourbon pûssent se fermer d'elles-mêmes et couper la retraite au public. Le chef des huissiers, M. Steger, et le chef du service intérieur, M. Labrevoit, avaient reçu consigne de me laisser circuler partout. Ma situation au Palais-Bourbon n'en était pas pour cela mieux définie. Aux yeux de mes collègues, sa seule utilité consistait à les fournir de boîtes de cigares. Il y avait un bureau spécial, installé dans la Rotonde, où on les débitait. Ennemi du cigare, je n'ai jamais pu me rendre compte de leur qualité, mais il faut croire, si j'en juge à la multiplicité des demandes dont j'étais l'objet, que ces vulgaires *députados* avaient une saveur toute particulière, en dépit de leur prix modique (5 et 10 centimes).

Je me sentais, dans ce foyer de parlementaires, jaloux de leurs privilèges, mal à l'aise et tenu à une extrême réserve. Il ne m'échappait pas que j'y circulais en intrus, toléré par mesure exceptionnelle, strictement révocable ; ce n'étaient, autour de moi, que préventions et susceptibilités à ménager. Tout m'y disait qu'il fallait user de prudence et jouer l'effacement. Je n'avais pas de place assignée. Je me tenais, en haut de l'hémicycle, dans la tribune des journalistes, que j'étais contraint de quitter à chaque instant, pour aller porter mes télégrammes à l'agent-courrier qui les attendait à l'entrée de la grille, car mes agents n'avaient pas le droit de pénétrer à l'intérieur du Palais. C'était une corvée assez fatigante, une suite ininterrompue d'étages à descendre et à remonter, à toute vapeur, car une trop longue absence risquait de me laisser perdre le fil des discours ou ignorer quelque incident notable survenu dans l'intervalle. Le pire inconvénient, c'est que les jours de grande séance, où la tribune était comble, je n'étais pas assuré de retrouver ma place ni même de pouvoir en dénicher une autre. Au fait, je me suis toujours demandé pourquoi la police municipale exigeait ces comptes-rendus, qui ne lui parvenaient guère beaucoup plus tôt que les journaux du soir, puisque les postes n'avaient pas encore la ressource du téléphone. Que la police municipale voulût être informée, sur l'heure, de tous les événements importants de séance, cela s'expliquait, mais qu'elle voulût se tenir au courant des délibérations les plus anodines, au fur et à mesure qu'elles se déroulaient, la prétention me semblait quelque peu exagérée. Peut-être voulait-elle, par là, s'assurer de ma présence à la Chambre, mais elle aurait pu imaginer tout autre moyen, moins pénible et moins tracassier.

Imaginez l'intérêt que pouvait avoir, pour le Directeur de la police municipale, une discussion relative au budget des cultes ou des colonies, car c'était le budget que l'on discutait à ce moment. Et je vous prie de croire que ces discussions n'ouvraient guère à l'imagination d'enchanteresses perspectives. Elles n'engendraient, le plus souvent, que des palabres sans vie et languissantes.

J'en recevais une véritable courbature d'esprit. C'était une danse éperdue de zéros dans le brouillard. J'étais noyé dans l'infini des nombres et je ne me serais jamais douté que des milliards pussent défiler si dénués d'éclat, et sans laisser, dans l'air, la moindre lueur dorée, mais il y avait les *lazzi* de Clovis Hugues, les boutades de Baudry-d'Asson, les discours d'Albert de Mun et les discours de Jaurès. Ah ! les discours de Jaurès ! quelle joie c'était, pour moi, lorsque je le voyais, de son pas lourd, avec le balancement de ses énormes épaules, gravir l'escalier de la tribune ! Il en prenait possession d'une assurance tranquille, demeurait une minute à se concentrer, à se ramasser sur lui-même, puis prenait soudain son vol d'un bond impétueux et, planant sur les ailes de l'éloquence, laissait pleuvoir les traits de sa dialectique enflammée. Son visage de proconsul à la barbe frisée, son front de buste romain, restait calme, mais tout son corps s'agitait. Tantôt, il libérait ses périodes du geste large du semeur, tantôt il les hachait et les soulignait de coups de poing sur la table, comme pour en prolonger la vibration sonore.

Il était intervenu dans la discussion du budget de l'instruction publique, pour défendre les études latines. Il parla près de deux heures. On ne se lassait pas de l'entendre. Les Muses étaient là.

XVI

LE DÉPUTÉ MUSULMAN

Il y avait aussi, à ce moment, la note pittoresque
à la Chambre, avec le député de Pontarlier, le
Dr Grenier, qui s'était converti à la religion musul-
mane et qui siégeait, en séance, affublé d'un burnous.
C'était plus original que la blouse à Thivrier ou le
chandail à Marty. Le Dr Grenier intervint à la tribune dans la discussion du budget, pour une question
d'intérêt local. Je ne sais plus ce qu'il réclamait
exactement en faveur de ses électeurs, mais ce que
je puis affirmer, c'est qu'il n'y était pas question de
l'industrie nationale de Pontarlier, la distillation de
l'absinthe. Sitôt monté à la tribune, il se prosterna
en invoquant Allah. Vous devinez ce qu'il en résulta
de « mouvements divers ». Je vois encore le haut-
le-corps du sévère M. Brisson. Il en fut si retourné
que je crus qu'il venait d'avaler son coupe-papier. On
eût dit qu'en sa personne le Grand Orient de France
venait de recevoir un insultant défi et, dressé, comme
sous la piqûre d'une injure, ce fut d'une voix étranglée de colère qu'il proclama :

— La tribune du parlement ne doit pas servir à des manifestations religieuses !

Le geste oriental du député Grenier incita une voix facétieuse à crier : « La belle Fathma ! » C'était le sobriquet sous lequel on désignait au Parlement l'ancien garde des sceaux, M. Ricard. Et, comme si l'on s'attendait à voir surgir un bataillon d'almées, l'atmosphère se dora d'un souvenir d'Ouled Naïls et de danses du ventre. Une douce hilarité se dessina sur la face de ces messieurs et fit dodeliner les calvities comme les tiges de blé sous le souffle d'une brise légère.

L'admonestation du Président n'empêcha pas le Dr Grenier de récidiver, un quart d'heure plus tard, en remontant à la tribune, pour répondre à l'objection qu'un député venait de faire à sa proposition. Non seulement le Dr Grenier persistait à invoquer Allah en séance, mais il se levait ostensiblement de son banc, à heures fixes, pour aller faire ses ablutions dans la Seine voisine, où il me fallait bien le suivre, à cause des badauds qu'il attroupait. La foule, instruite par les journaux, stationnait de bonne heure sur les quais, en prévision du spectacle. Le député n'en avait cure. Il traversait la foule, les yeux morts, d'un pas tranquille et si indifférent qu'on eût dit un fantôme. La foule riait. Des gamins le criblaient de brocards ! Lui, semblable au *Don Juan* du poète :

Regardait le sillage et ne daignait rien voir.

Il descendait sur la berge, prenait le temps de se déchausser, comme s'il eût été seul ou chez lui, réti-

rait ses chaussettes, les pliait, les déposait avec soin
sur ses souliers, et descendait la berge en pente
jusqu'à l'endroit où le flot vient expirer. Il entrait
dans l'eau, et cette petite trempette rituelle, toujours
précédée et suivie d'un prosternement général vers
l'Orient, s'accompagnait de gestes et de murmures
consacrés.

Il lui advint, un jour, au sortir de son bain de
pieds, de ne pas retrouver ses frusques. Quelqu'un
avait profité de son recueillement pour les lui soustraire. Le député n'en manifesta aucun étonnement.
Il n'eut pas même l'air d'interroger des yeux les
assistants. Il dut considérer cela comme une volonté
d'Allah pour éprouver son zèle. Il reprit sa route
comme si de rien n'était, déchaux, le front impassible,
et, traversant la rue, se dirigea vers le Palais-Bourbon,
résolu à réintégrer la salle des séances en ce piteux
appareil. Par bonheur, l'auteur du rapt n'était qu'un
mauvais plaisant. Les godillots et les chaussettes furent
retrouvés, peu d'instants après, sur la tablette du
kiosque de voitures, sis vis-à-vis de la Chambre, non
loin du pont de la Concorde, où le loustic, profitant de l'absence du gardien, couru à la recherche du
voleur, les avait déposés. L'honorable va-nu-pieds
franchissait la grille du Palais lorsque je les lui fis rapporter. Il les reçut d'un geste aussi détaché qu'il les
avait perdus. Je ne sais même pas s'il prit la peine
de murmurer « merci ! » Il s'assit simplement sur la
borne de la grille et n'éprouva aucune gêne à s'y
raccoutrer. L'opération terminée, il continua sa route
et disparut à l'intérieur du monument. Jamais, en

dehors de ces deux courtes apparitions à la tribune, je ne l'entendis proférer un seul mot, ni parler à qui que ce soit, et son visage, dans la rue, demeurait si fermé que je n'ai jamais pu découvrir si c'était un farceur ou un apôtre.

XVII

LA MAISON DES JOURNALISTES

Je me serais trouvé bien empêché parmi ce monde de journalistes parlementaires, dont je partageais la tribune, si je n'avais eu pour m'y accréditer deux amis obligeants : Lucien Hubert et Pierre Géringer.

Lucien Hubert était poète. Je l'avais fréquenté au temps des soirées de *la Plume*. Je connaissais de lui deux recueils de vers : *Rimes d'Amour et d'Epée*, et *Fables express*, publiés chez Vanier, charmants de jeunesse et de souriante désinvolture. Il a fait encore mieux depuis. L'amour des lettres nous unissait et aussi le culte de la petite Patrie, puisqu'il était des Ardennes. Il préparait alors sa candidature à la députation, dans l'arrondissement de Vouziers, où est née ma mère et où il fut élu. Il est devenu, depuis, sénateur et s'est fait une spécialité des questions coloniales.

Il est resté ce qu'il était alors, un gaillard d'enveloppe et d'esprit solide, à la conversation variée, nourrie d'expérience, aiguisée de cette pointe d'humour spéciale au caractère ardennais.

Pour ce qui est de Géringer, c'était bien la manifestation la plus étonnante de l'activité et de l'ingéniosité humaine. Ce petit homme créole, né à Saint-Denis-de-la-Réunion, semblait une goutte de vif argent. Il a donné d'ailleurs sa mesure, depuis, en créant la *Maison des Journalistes*. C'est un coup de maître tel que je ne puis me retenir d'ouvrir ici une parenthèse pour vous le conter. L'histoire vaut son pesant d'or.

Le 5 janvier 1918, les membres d'une association de presse à ses débuts, l'*Association des Journalistes informateurs des ministères*, s'étaient réunis dans un banquet confraternel. Au dessert, quelqu'un déplora que les journalistes n'eussent pas leur maison comme les étudiants et les cheminots ont la leur. C'était l'un de ces rêves comme l'on en fait, souvent, à l'heure des toasts, l'une de ces chimères nées du vin et que l'on caresse avec complaisance, sans trop y croire, mais une chimère si séduisante ! Créer à Paris un établissement qui fût le lieu de rendez-vous des journalistes, avec restaurant, bibliothèque et salle de fêtes !

Mais comment aurait-on pu s'y arrêter, puisque cette maison, entrevue dans les fumées des cigares et les vapeurs du champagne, on n'avait ni terrain pour la situer, ni pierres pour la construire et pas même un sou vaillant pour mettre la chose en train ?

Pourtant, ces messieurs s'étaient donné héroïquement rendez-vous quelques semaines plus tard, mais c'était le 23 mai, au début de la grande offensive allemande, et le moment semblait mal choisi. La grosse

Bertha ne cessait de tonner sur Paris. Il semblait qu'il n'y eût plus qu'à se terrer, et le comité bénévole qui s'était constitué, ramené du rêve à la réalité, faisant contre mauvaise fortune bon cœur, s'était rabattu vaguement à l'idée de louer un local provisoire, 30, rue Louis Le Grand, mais il fallait, au bas mot, pour l'aménager, une somme de cent mille francs. Le découragement s'était déjà peint sur toutes les figures, lorsque Géringer s'écria : « Cent mille francs !... une paille !... je vous les aurai dans quelques jours ! » On se regarda avec stupeur croyant à une hâblerie. Pas du tout. Quelques jours plus tard Géringer les apportait. Comment se les était-il procurés ? Il serait peut-être bien embarrassé de le dire lui-même, mais suivant le mot de l'un de ses confrères du comité : « Géringer est l'homme qui sait frapper à toutes les portes, et qui frappe fort. » Ce n'est pas seulement cent mille francs qu'apportait Géringer, c'était cent quatre vingt douze mille trois cents francs d'argent net, pour les seuls travaux de réfection du local, car il annonçait en même temps qu'il fournissait le mobilier et se chargeait de l'installation. De sorte que, le 17 avril 1919, la *Maison des Journalistes* était sur pied, et que le Président de la République, M. Raymond Poincaré pouvait l'inaugurer le même jour. M. Raymond Poincaré disait : « J'avais entendu parler de ce projet. Je n'en aurais jamais cru la réalisation possible si je n'avais entendu la voix de *Bertha* ; je me disais : puisque le génie du mal peut accomplir de tels prodiges, pourquoi en espérerait-on moins du génie du bien ? » Et il remettait la croix de chevalier de la Légion d'honneur à M. Géringer.

M. Géringer vient d'être promu officier. Ce n'est pas les bénéficiaires de son institution qui ont pu trouver la mesure injustifiée, et n'avais-je pas raison de vous dire tout à l'heure que cette histoire valait « son pesant d'or ? »

XVIII

LE SALON DE LA PAIX

La séance la plus mouvementée que j'eus sous les yeux fut celle où Jaurès interpella le gouvernement à propos d'une répression de grévistes à Carmaux. On y fit du bruit. M. Brisson, debout sur l'hémicycle en ébullition, où les députés s'agitaient comme pois bouillant dans la marmite, ne cessait de brandir son coupe-papier d'une main, et d'agiter la sonnette de l'autre. C'était encore la sonnette célèbre que l'Ingénieur Fichet avait, en 1850, offerte au président de la Législative. Elle donnait des signes de fatigue, mais elle ne devait expirer que quatre ans plus tard (son demi-siècle exactement accompli), au cours d'une émeute parlementaire, entre les mains de M. Deschanel. Son décès fut enregistré par l'histoire. Tandis qu'elle carillonnait, au plus fort du vacarme, on entendit, soudain, un grésillement insolite, un bredouillement éraillé. C'était son râle. Puis, une note aiguë. C'était son dernier soupir. L'effet produit fut tel que le vacarme s'en arrêta net. Les députés, interdits, se regardaient les uns les autres.

Le carillon de la sonnette avait fouetté leur rage.
Toute leur animation en retomba avec lui. Chacun
regagna sa place et se rassit en silence. Le recueillement n'eût pas été plus absolu en signe de deuil.

La sonnette était morte. C'est que rien ne dure ici
bas, pas même à la Chambre, et ces messieurs de la
questure le savent, qui, pour empêcher le charivari
des pupitres, s'étaient avisés, un beau jour, de les
faire munir secrètement d'un tampon de liège. Le
tampon dura, ce que durent les roses, l'espace d'un
matin.

Le principal intérêt du Palais-Bourbon, pour moi,
c'était le salon de la paix dont je pouvais frôler toutes
les illustrations. Il n'en manquait pas alors. Je cite,
au hasard de la mémoire, parmi les politiciens de
haute volée : René Goblet, Méline, Rouvier, Gode-
froy-Cavaignac, Charles Dupuy, Denys Cochin,
Delcassé, Deschanel, Doumerc, Léon Bourgeois, Sar-
rien, Viviani, Poincaré, Barthou (alors ministre de
l'intérieur)...

Parmi les grands seigneurs : les ducs de Rohan, de
la Rochefoucauld-Doudeauville, les princes d'Hénin,
d'Arenberg, de Broglie, les comtes de Bernis, de
Juigné, de Montebello, de Lévis-Mirepoix...

Parmi les ventres dorés et les brasseurs d'affaires :
Achille Fould, Bischoffein, Edmond Blanc, Paul
Lebaudy, Jaluzot...

Parmi les démocrates et les députés d'opposition :
Jaurès, Sembat, Paulin Méry, Basly, Camelinat, Cou-
tant, Jules Guesde, Vaillant, Millerand, Chauvière...

Il y avait encore le député-soldat Mirman, le député

trouble-fête, Marcel Habert et le député Wilson à qui ses électeurs d'Indre-et-Loire s'obstinaient à refaire une virginité tant ils le considéraient toujours avec les yeux indulgents du papa Grévy. Tout cela allait et venait, en harnais variés, depuis le copurchic L*** de M***, toujours tiré à quatre épingles, frisé au petit fer, si paré et vernissé qu'il semblait une gravure de mode, jusqu'à l'hirsute et négligé Pelletan, à la haute taille voûtée, et dont la barbe inculte s'émaillait toujours des reliefs de son dernier festin.

— Je parie, mon cher collègue, lui dit un jour Chauvière, que vous avez mangé des œufs à votre déjeuner.

— Non ! répondit Pelletan après un moment de réflexion... pas depuis hier soir.

Or, les poils de sa barbe étaient encore empêtrés de grumeleaux d'un jaune accusateur.

Et l'on ne coudoyait pas que des députés dans la salle des Pas-Perdus ; mais tout ce qui porte, à Paris, un nom dans la finance, l'industrie, les sciences, les arts ou les lettres,

J'y rencontrai un jour Félicien Rops, en compagnie de Léon Deschamps, qui préparait à *la Plume* une exposition de ses œuvres. Rops n'était que de passage à Paris. Il allait, sur le conseil des médecins, s'installer dans le midi de la France. Il souffrait d'une neurasthénie aiguë. Il avait la maladie de la Persécution. Deschamps avait pensé le distraire, mais l'atmosphère de la Chambre ne fit que de l'assombrir davantage, tant il avait pris l'horreur de tout ce qui est officiel. On parlait encore du Tsar. C'était prétexte pour Rops à se remémorer, qu'en Russie, les portes lui avaient été fermées, à cause de son dessin : *l'Ordre règne à Varsovie*, ce qui ne l'empêchait pas de déplorer que les autorités françaises n'eûssent pas jugé à propos de le présenter au Tsar, comme elles l'avaient fait pour nos peintres en renom : Bonnat, Bouguereau, Carolus-Duran, Cormon, Raphaël Collin, Detaille... Il ne cessait de rager à la vue de tout ce qui portait un titre ou un galon. Il nous fallut l'emmener au dehors, tant il étranglait de colère et, dehors, considérant les écussons et les drapeaux, souvenirs des fêtes et de la réception de celui qu'il considérait comme son ennemi personnel, sa rage redoubla. Deschamps, pour le calmer, avait beau lui dire : « Mais vous vous méprenez, cher maître. Ces drapeaux, on ne les a sortis qu'en votre honneur, pour fêter l'ouverture de votre exposition. Regardez les écussons ! R. F. ça veut dire : Rops Félicien ». Rops n'avait pas l'air convaincu, et tandis qu'il s'éloignait, aux côtés de Deschamps, je voyais sa silhouette hargneuse se convulser brusquement de gestes saccadés.

M. Lépine venait souvent faire un tour à la Chambre. Ce n'était plus l'homme sévère de son cabinet ni des manifestations sur la voie publique, mais un homme affable, souriant et que la comédie parlementaire semblait fort amuser.

— « Raynaud ! de quoi s'agit-il, là-haut ? » me demandait-il en arrivant, s'il me trouvait sur son chemin, mais il eût pu se passer de mes lumières, car ce diable d'homme savait tout et devinait le reste, et c'est encore une raison pour laquelle j'estimais

inutiles mes rapports à la Préfecture. De par ses
seules fonctions, un préfet de police, instruit des
secrets de la vie parisienne, est déjà redoutable. Il
voit, sur la scène du monde, l'envers de la tapisserie.
Il en sait les nœuds et les reprises. Un mot de lui
suffirait souvent à faire s'écrouler les réputations en
apparence les mieux assises. A plus forte raison est-
il à craindre quand il possède, comme les possédait
M. Lépine, un flair aiguisé et le don de double vue.
Aussi était-il très entouré à chaque visite. On le
voyait se promener, dans les couloirs au bras d'un
ministre ou d'un *leader* influent. C'était à qui le
cajolerait.

On ne parlait pas que de politique dans les couloirs de la Chambre, mais des salons, des théâtres et
du boulevard. Tous les potins du jour s'y colpor-
taient et l'on y élucidait des points d'histoire. Vigné
d'Octon, très écouté, y exposait sa théorie celtique.
Des bruits sensationnels, où la politique n'était pour
rien, circulaient. On annonce un jour qu'on vient
de retrouver dans le château de Dubartas (il y avait,
précisément, à l'époque, un Saluste Dubartas, sous-
chef de comptabilité au Palais-Bourbon) à Cologne
du Gers, d'importants manuscrits de l'auteur des
Tragiques et toute sa correspondance avec Henri de
Navarre. Un membre de la société archéologique du
Gers, M. Delpy, informé, se rend en hâte au château
et demande à voir les manuscrits. Ces manuscrits
venaient d'être vendus, par mégarde, avec un lot de
paperasses à un chiffonnier du pays. On recherche
le chiffonnier, qui dit les avoir vendus à la manufac-

ture de Die, et, quand on se présente à la manufacture, il était trop tard. Le tout avait été mis au pilon.

Un autre jour, ce sont les *Mémoires de la Régence* de Tallement des Réaux dont on affirme avoir miraculeusement retrouvé le manuscrit. Informations prises, il s'agissait de tout autre chose.

On parlait même de poésie. Lockroy y contait ses souvenirs sur Victor Hugo. Il y courait les quatrains de Clovis Hugues, petites flèches sans fiel, décochées envers et contre tous Tel, celui-ci, qui donnait les vraies causes de la démission de Casimir Périer :

> S'il a fui vers la rive bleue,
> C'est qu'il avait, le bien-aimé,
> La nature du hoche-queue ;
> Il s'ennuyait d'être enfermé.

Clovis Hugues avait aussi voulu faire son compliment au Tsar. Les poètes auxquels le gouvernement s'était adressé n'avaient guère brillé dans la circonstance. On avait, pourtant, mobilisé tout ce que l'Académie française comptait de plus huppé comme porte-lyres : Sully-Prudhomme, Coppée, Heredia. Mais leurs vers sentaient le *pensum.* C'est l'écueil ordinaire des *à-propos.* A l'inauguration du pont Alexandre III, Paul Mounet avait déclamé les strophes de Hérédia :

> Très illustre Empereur, fils d'Alexandre trois,
> La France pour fêter ta grande bienvenue
> Dans la langue des Dieux par ma voix te salue,
> Car le poète seul peut tutoyer les rois....

A la séance de l'Académie, c'est Coppée lui-même
qui avait lu son compliment :

Dans cet asile calme où le culte des lettres
Nous fut fidèlement transmis par les vieux maîtres,
Ainsi que le flambeau de l'antique coureur,
A ce foyer, dans cette atmosphère sereine,
Bienvenue à la jeune et belle souveraine,
Bienvenue au noble Empereur !

A Versailles, Sarah Bernhardt avait récité le poème
où Sully-Prudhomme faisait parler l'ombre de
Louis XIV :

Le fils des Romanoff m'apporte ses saluts
Au seuil du palais vaste où je ne brille plus.
. . . .
Pour bien faire, il n'a pas de maître à souhaiter.
J'ai déjà reconnu son modèle en son père.

Il n'y avait pas jusqu'à Jules Claretie qui n'eût
reçu mission de fêter en vers les souverains au gala
de la Comédie Française, dont il dirigeait alors les
destinées. Il avait choisi Mounet-Sully pour interprète. La récitation eut lieu sur la scène où toute la
compagnie se tenait groupée autour des bustes de
Corneille, de Molière et de Racine :

Pour les poètes morts qui parlent par leur voix,
Les humbles serviteurs du logis de Molière
S'inclinent tous devant la sereine lumière
Du père d'un grand peuple aux glorieux exploits...
C'est du Nord maintenant que nous vient l'espérance.

Ça se terminait de cette façon :

> Qu'à la sainte et forte Russie,
> Sous le clair rayon du ciel bleu,
> La France à jamais s'associe
> Pour les grandes œuvres de Dieu !

Ce qui, soit dit sans vouloir offenser la mémoire de ce brave Jules Claretie, ne ressemblait en rien aux vers des grands poètes morts, mais ce qui ne l'empêchait pas de s'écrier quelques jours plus tard sur le mode lyrique :

Je suis heureux de l'effet produit et d'avoir jeté dans ces strophes ce vers qui fut souligné par l'assistance et applaudi par Nicolas II :

C'est du Nord maintenant que nous vient l'espérance !

Lorsque M. Mounet-Sully le dit de sa belle voix sonore, une sorte de frisson parcourut la salle. M. Roujon me serra la main et j'étais heureux d'avoir exprimé tout haut ce que tant d'autres, j'espère, pensaient tout bas.

Et quand s'acheva cette soirée unique, où, dans la galerie des bustes, les Sociétaires vinrent saluer les souverains, lorsque, descendant l'escalier, le Tsar me dit, avec une bonne grâce profonde, après avoir parlé de revenir : « J'ai passé une charmante soirée » ; quand, devant la porte tendue de draperies, surmontée d'une marquise, nos hôtes de la Comédie disparurent dans le fracas des acclamations, le bruit de la foule, l'éclat des lumières ; quand la voiture emportant les souverains et le Président de la République passèrent devant les troupes présentant les armes ; lorsque s'effaça la vision des cavaliers sabre au clair, des casques étincelants, des escadrons passant au galop — puis, le lendemain, quand, en arrivant au théâtre, j'aperçus la loge à demi défaite, les tapis et les tentures enlevées, les fleurs de la Ville de Paris remisées dans les couloirs avec les palmiers et les arbustes, il me sembla que c'était un rêve de grâce et de lumière envolé. La vie de tous les jours reprenait avec ses nécessités impérieuses ses devoirs, ses tracas, ses labeurs... Place au théâtre ! la féerie était terminée.

Et je me répète souvent le vers entendu ce soir-là :

C'est du Nord maintenant que nous vient l'espérance !

Rostand ne s'était pas encore illustré et la foule l'ignorait. Il ne fut donc pas appelé. Ce n'est qu'au deuxième voyage du Tsar en France qu'il sera mis à contribution et qu'il composera son madrigal :

Oh ! Oh ! c'est une impératrice !

dont on fera tant de gorges chaudes.

Clovis Hugues n'avait pas été appelé davantage. Cela se conçoit, puisqu'il n'était pas de l'Académie, et que le cramoisi de ses opinions eût suffi pour le faire écarter d'une cérémonie officielle aussi collet-monté. Il ne s'en piqua pas moins de prendre officieusement part au tournoi et composa un *Adieu au Tsar* que je l'entendis réciter dans le salon de la Paix et qui lui eût mérité la palme, s'il s'était agi de la décerner. C'était d'un beau souffle, mais il me suffira d'en citer la première et la dernière strophe (la pièce en compte quinze) :

En ces radieux jours de fête,
Devant Paris illuminé,
Nul ne m'a dit : « Allons, poète,
Chante ce passant couronné ! »

Cár les chefs de la République,
Etouffant ma strophe lyrique,
Sous les voix de fer du canon,
Savent que, fidèle aux ancêtres,
Je n'ai jamais flatté les maîtres,
Qu'ils aient un diadème ou non.

. . . .

Nous aider à tuer la guerre
Dans les camps et sur les pavés ;
Délivrer tous ceux, qui, naguère,
Rampaient sous les bâtons levés ;
Servir la paix, bannir la haine,
Déchaîner la justice humaine
Sur les reîtres, pâles d'effroi ;
C'est se laver devant l'histoire,
Dans de la véritable gloire,
Du crime auguste d'être roi.

pour montrer que cela n'était pas récitable en présence de leurs Majestés impériales.

———

XIX

LA REPRISE DE L'AFFAIRE DREYFUS

Pourtant, ces couloirs, hantés des Muses, commençaient à sentir l'orage. La statue de Minerve avait beau s'y dresser, la Sagesse n'y était pas toujours chomée dans les entretiens. Il est vrai que sous sa couche couleur d'airain, cette statue est de plâtre fragile. On commençait à s'échauffer, dans les coins, à propos d'Arton et du *Panama*. Mais ce qui surtout enfiévrait les cerveaux, c'étaient les prodromes de la reprise de l'affaire Dreyfus. Et le bouleversement produit en était tel que le groupe du Laocoon, au pied duquel les adversaires se prenaient de bec et se chantaient pouilles, acquérait à mes yeux une valeur symbolique. Je voyais les replis de cette affaire, comme des anneaux de serpent, s'enrouler autour des consciences et risquer de les étouffer.

Chaque jour apportait une révélation nouvelle. Suivant un mot célèbre : « la vérité était en marche et ne s'arrêterait plus. » Le 15 septembre 1896, c'était l'article de l'*Eclair* révélant la communication aux juges seuls, dans la salle des délibérations, d'une pièce secrète. En novembre, paraissait la brochure de Bernard Lazare : *Une erreur judiciaire*. Le 10 du même mois, le *Matin* publiait le fac-similé du *bordereau*.

Le gros public ne savait rien encore, mais, à la Chambre, on commençait à se chuchoter le nom du chef d'escadron Esterhazy comme celui du vrai coupable. La réputation de l'homme rendait l'accusation si vraisemblable que beaucoup s'étonnaient que les premiers soupçons de l'état-major, dès la découverte du bordereau, ne se fussent pas portés de ce côté. Officier mal noté, pourri de dettes, mis en retrait d'emploi, il en était, depuis longtemps, réduit aux expédients. Il figurait sur les fiches de police. On l'avait vu, à l'affût des combinaisons les plus risquées, tour à tour commanditaire d'une maison de rendez-vous, associé d'un tenancier de brelan. Il avait quitté sa femme, d'une vieille noblesse angevine, mais sans fortune, pour vivre dans la crasse des filles et des courtiers marrons. Il occupait, pour lors, rue de Douai, un petit entresol en compagnie de sa maîtresse Marguerite Pays, habituée du Moulin Rouge.

On me le montra un jour dans le salon de la Paix. Ce comte authentique, ce descendant d'une illustre famille hongroise, ne payait guère de mine. Maigre, avec le teint bistré des tziganes, il offrait quelque chose du loup-cervier. Il s'entretenait, dans l'embrasure d'une fenêtre, avec un groupe de notabilités, parmi lesquelles se trouvait, en civil, le général de Bois-deffre, chef de l'état-major général, et je m'étonnai de voir ce dernier lui poser sur l'épaule une main quasi protectrice « Allons ! me dis-je, le général de Boisdeffre doit être renseigné. Esterhazy n'est pas un citoyen bien recommandable, mais rien ne prouve encore qu'il soit, comme on l'insinue, l'auteur du bordereau. Un général français ne saurait se faire, pour l'arracher au châtiment, le recours d'un traître ! »

Et j'entendais les ministres, interpellés, déclarer à la tribune : « Dreyfus a été justement condamné ! » sans me douter que j'allais les entendre, sitôt la révision décidée, s'écrier à la même tribune : « Nous ne savions rien. Nous n'avions pas à nous immiscer dans l'enquête des premiers juges ni à contrôler leurs décisions ». J'avais vu M. Lebon, ministre des colonies, au moment où il traversait la salle des Pas-perdus, arrêté au passage par un groupe de députés anti-revisionnistes qui lui reprochaient violemment sa mollesse et de ne pas veiller suffisamment sur Dreyfus, alors prisonnier aux îles du Salut. Ils craignaient qu'il ne vînt à s'évader. Des bruits inquiétants circulaient. Des navires suspects avaient été aperçus, croisant dans les parages, des signaux remarqués

M. Lebon leur répondait : « Rassurez-vous, mes chers collègues, Dreyfus est sous bonne garde. Depuis le 4 septembre (1896) j'ai câblé l'ordre de le tenir enfermé dans sa case et de l'y soumettre, la nuit, au régime de la double boucle. Ce n'est pas tout, j'ai câblé l'ordre de construire, dans les plus étroites limites possibles, autour de sa case, une palissade de 2^{m}50 de hauteur et de tripler le nombre de ses surveillants. Je n'ai pas besoin d'ajouter que, depuis un mois, défense absolue lui est faite de correspondre avec qui que ce soit et qu'aucune lettre ne peut lui être remise qui n'ait été, au préalable, ouverte et lue par mon administration :

Des « Très bien ! » se firent entendre et le ministre des Colonies, lauré de ces applaudissements, s'éloigna d'un pas léger, son maroquin sous le bras.

Et je continuais, comme les gens du commun, sur la foi des communiqués officiels, à croire à la culpabilité de Dreyfus, mais ce qui finissait par ébranler ma conviction, c'était la pauvreté des arguments des adversaires de la révision.

Ils voulaient empêcher la discussion en se retranchant derrière la *Chose jugée*, mais la *Chose jugée* ne demeure valable qu'en l'absence de tout fait nouveau. L'histoire n'est-elle pas qu'une longue série de procès revisés, y compris ceux du Christ et de Jeanne d'Arc, qui étaient cependant de nature à impressionner des gens se disant catholiques et patriotes ? Or, ici, des faits nouveaux étaient allégués. Il y avait eu tout au moins vice de forme (la pièce secrète) et ce vice de forme entraînait de plein droit la cassation du premier jugement. A quoi, ces messieurs répondaient que ladite pièce était de nature à nous brouiller avec l'Allemagne et susceptible de provoquer la guerre. Mais en quoi sa communication à la défense eût-elle été plus préjudiciable que sa communication aux juges ? Et il était bien imprévu de voir les mêmes gens — car c'étaient les mêmes — qui, à l'époque de Boulanger et de l'affaire Schnœbelé, poussaient à la guerre et criaient : « A Berlin ! » dans les rues, s'émouvoir tout à coup d'un froncement possible du sourcil allemand. Ces messieurs mettaient encore en avant l'honneur de l'armée, mais l'honneur de l'armée n'était-il pas plus intéressé à réparer une erreur judiciaire qu'à la maintenir, en vertu de l'adage : *Errare humanum est, diabolicum perseverare.*

Néanmoins, ce n'était pas encore la lumière. Il m'était impossible de rien concilier de tous les propos contradictoires recueillis autour de moi. Bien mieux j'entendais des députés-journalistes et même des directeurs de journaux, soutenir, dans le privé, une opinion diamétralement opposée à celle qu'ils soutenaient dans leur journal. C'était le cas d'un nommé B... que j'avais connu jadis dans les milieux littéraires du quartier latin, alors que, dépouillé de tout prestige, il rêvait de chambarder l'ancienne poétique et d'y instaurer, sur ses ruines, une poétique de sa façon. Il publiait, dans les petites revues, des vers sans rime ni raison, avec lesquels il pensait révolutionner le monde. Ce n'était que de la bouillie pour les chats. Aigri par son insuccès, il avait quitté la littérature pour le journalisme et fonctionnait, présentement, dans une feuille anti-juive, bien qu'il fût juif lui-même. Il s'y faisait remarquer par le ton violent de ses polémiques. Ce n'était qu'une attitude, une façon de s'imposer au directeur qui l'employait et de se cramponner à sa situation. Il eût aussi bien bataillé dans le camp adverse, avec la même fougue de plume, et la preuve, c'est, qu'au Palais-Bourbon, dans les conversations particulières, il ne cessait de fulminer contre ce qu'il appelait « les turpitudes des faussaires de l'état-major » à tel point que je ne pus m'empêcher de lui dire un jour :

— Pourquoi, alors, écrivez-vous le contraire ?
Cette allusion à son attitude de polémiste le piqua et
lui fit réenfourcher son dada. Voulant avoir le dernier mot, il me répondit :

— C'est parce que je suis patriote. Au-dessus de la
Justice il y a la Patrie !

Ce mot, dans la bouche d'un fils de métèques d'un
pareil acabit, me fit pirouetter et me tint figé d'un
tel étonnement que mon ami Lamendin, le député
du Nord, qui passait à ce moment, me crut en train
d'accoucher d'un sonnet et m'en fit la réflexion.

— Eh quoi, monsieur est poète ? demanda Emma-
nuel Arène qui l'accompagnait.

B... crut spirituel d'intervenir :

— Oui, dit-il, monsieur est poète, mais poète de
l'*École romane*, ce qui, dans sa bouche, signifiait :
poète-amateur, poète de salon, poète sans importance,
arriéré et poncif, et, pour illustrer son dire, il ajoutait : une école qui voudrait nous ramener à Boileau !

Je captai ce nom de Boileau au vol.

— C'est précisément, dis-je, piqué à mon tour, à
Boileau que je pensais, et je me remémorais des vers
de lui, auxquels vous reconnaîtrez du moins, à
défaut de toute autre, une vertu de circonstance.

— Voyons ! fit-il goguenard.

Et je récitai :

Dans le monde, il n'est rien de beau que l'équité,
Sans elle, la valeur, la force, la bonté,
Et toutes les vertus dont s'éblouit la terre,
Ne sont que faux brillants et que morceaux de verre.

— Qu'est-ce que ça prouve ?

> — *Çà prouve* qu'ici-bas le seul bonheur solide,
> C'est de prendre toujours la vérité pour guide,
> Et d'être juste enfin !

Il comprit l'allusion à sa campagne de mensonges, mais ne s'en trouva pas déferré pour si peu.

— C'est de la rhétorique creuse. Çà n'a pas le sens commun. Le seul bonheur solide, ici-bas, c'est le succès. Et la preuve, c'est qu'il est passé en proverbe de dire : « La fin *justifie* les moyens ». La sagesse consiste à hurler avec les loups.

Et il s'éloigna, avec un haussement d'épaules.

J'étais, désormais, fixé sur la nature de « l'Affaire ». Ce n'est plus la vérité qui était en cause, mais l'intérêt des partis. Cela eût suffi à me dégoûter de la cuisine politique, si je n'en avais porté en moi la répugnance innée, et si je n'en avais déjà flairé les relents dans les parlotes électorales et les Comités de rédaction. Aussi bien, j'allais, quelques années plus tard, être témoin d'une autre affaire retentissante, offrant les mêmes symptômes de décomposition sociale, les mêmes ravages de conscience, et montrant jusqu'à quel point d'aveuglement, l'ambition, l'esprit de corps, les préjugés de caste et de milieu ou le simple échauffement de la lutte, peuvent conduire les âmes les plus clairvoyantes et faire gauchir les caractères les mieux trempés.

XX

LA MORT DE SYVETON

L'expérience n'avait pas été longue à me confirmer cette vérité de Chateaubriand : « *Quand on connaît les hommes, il est bien difficile d'épouser chaudement une cause quelconque* » et j'ai souscrit, de bonne heure, à l'opinion d'Alfred de Vigny : « *Le monde marche entre deux absurdités : le droit divin et la souveraineté populaire* ». C'est dire qu'en politique, je me méfie des emballements inconsidérés, et que je réprouve ce sectaire qui déclarait, devant moi, à la tribune de la Chambre : « *On ne discute pas avec ses ennemis, on les supprime !* » Je suis toujours prêt à discuter avec mes adversaires, mais si j'entends que chaque parti ait le droit d'exposer ses vues, et même s'il le juge nécessaire au bien public, d'agir pour les faire triompher, c'est à la condition expresse de n'y employer que des moyens dont la conscience n'ait pas à rougir. Le parti qui s'opposait à la révision du procès Dreyfus, se donnait comme le parti des « honnêtes gens ». Il prétendait avoir, seul, de son côté la raison et le droit. Or, écoutez ceci :

Ce parti, après la défaite que lui avait infligée la réhabilitation de Dreyfus, s'était regroupé sous le nom de *Ligue de la patrie française*, car ces messieurs entendaient avoir le monopole du patriotisme, et savaient qu'en France, il est facile de duper la foule, en mettant en avant les intérêts de l'armée et les grands mots d'honneur et de patrie. Bien entendu il est à supposer que, pour les organisateurs de cette ligue, la Patrie et l'Armée n'étaient là :

> Que les dehors plâtrés d'un zèle spécieux.

Et qu'ils étaient de ces adversaires d'autant plus dangereux :

> Qu'ils prennent contre nous des armes qu'on révère,
> Et que leur passion dont on leur sait bon gré,
> Peut nous assassiner avec un fer sacré.

On y trouvait de tout parmi eux, même des gens de bonne foi abusés, mais, surtout, des mécontents et des ambitieux, venus des quatre coins de la politique ; une vraie salade, où chacun espérait se faire tirer les marrons du feu, quitte à désavouer ses complices, en cas d'insuccès, et à s'en désolidariser d'une pirouette et d'un coup de chapeau, plein de désinvolture : « Bonsoir, messieurs ! »

Le trait d'union en était l'aristocratique comtesse de Loynes, l'amie des Castellane, et l'âme le député démocratique Gabriel Syveton, soit-dit, en passant, l'alliance de la carpe et du lapin. Syveton avait réussi, non sans mal, à constituer un comité. Le plus difficile avait été le choix d'un président. Le parti adverse se recommandait d'Anatole France. Il fallait trouver un grand nom à lui opposer. Paul Déroulède était d'un cœur trop droit pour accepter d'en faire partie. Ce bloc enfariné ne lui disait rien qui vaille, et, d'ailleurs, si Déroulède était populaire, il n'était pas de l'Académie, et son prestige était assez mince chez les lettrés. Le bon Coppée s'était défilé d'abord, et aussi Jules Lemaître, mais ce dernier se laissa finalement repêcher par Mme de Loynes, qui avait barre sur lui. On le nomma président. Et Coppée repêché à son tour par Jules Lemaître, consentit à prêter son nom, mais son nom seulement — et pas pour longtemps — comme président d'honneur.

Syveton s'était réservé les fonctions de trésorier.

Or, il advint, peu après, que Syveton fut déféré en cours d'assises pour insultes au chef de cette même armée, qu'il disait s'être donné mission de défendre. Ses complices se réjouissaient des poursuites comme d'une réclame monstre. Ils entendaient, même en cas de condamnation, tirer parti du scandale des débats. L'acquittement, c'était l'apothéose. Ils avaient mobilisé toute une armée de manifestants dont ils avaient chauffé le zèle à blanc, par une promesse de haute paye. Ça coûterait cher. Qu'importe ? La caisse de la Ligue était là. Ils ne vivaient plus, dévorés d'impatience, que dans l'attente de ce grand jour, et voilà que la veille de ce grand jour, un bruit sinistre se répand dans Paris avec la rapidité de la foudre : « Syveton est mort ! » Le trésorier Syveton s'était suicidé, laissant la porte ouverte aux plus fâcheuses suspicions, dont la honte rejaillissait autour de lui.

Son cadavre, suivant l'expression d'un ligueur, se retournait contre son parti. C'était un désastre qu'il fallait conjurer à tout prix, au moins dans ses effets, en accréditant la version d'un crime politique. Syveton « suicidé » par la police aux ordres du gouvernement, quelle substantielle matière aux polémiques ! Quelle superbe occasion de créer un regain d'agitation et de propagande autour de la faction ! La faction disposait déjà ses batteries en conséquence quand un autre incident vint, à nouveau, ruiner ses espoirs. Jules Lemaître, cité comme témoin par les magistrats chargés de l'enquête sur la mort de Syveton, avait reconnu qu'il s'agissait, bel et bien, d'un suicide dont il n'ignorait pas les motifs. Le président de la ligue, autorité souveraine, avait parlé. Plus moyen de déguiser la vérité. Ce fut alors, dans le camp des ligueurs, qui s'intitulaient les *apôtres de la justice et de la vérité*, un concert de malédictions contre Jules Lemaître, coupable à leurs yeux d'avoir déposé selon sa conscience.

On juge du désarroi produit quand la nouvelle en parvint dans le salon de Mme de Loynes.

La comtesse près de la cheminée, où brûlait une claire flambée (on était en décembre), accoudée dans sa bergère, se taisait, rongée d'amertume. C'était, autour d'elle, dans ce salon de l'avenue des Champs Elysées, le même décor à la *Montijo*, le même ameublement du plus mauvais goût second empire, les mêmes bibelots surannés, au milieu desquels elle s'obstinait à vivre, sans les renouveler jamais ; c'étaient les reliques de son passé, les derniers témoins de sa jeunesse. Et sa jeunesse, aussi, était là, avec le portrait, accroché au mur, qu'en avait tracé le peintre Amaury-Duval. Mme de Loynes tournait le dos à ce portrait, mais elle pouvait en saisir le reflet en avant d'elle, dans la glace de la cheminée, qui lui faisait vis-à-vis. Elle y était représentée à la fleur de l'âge, coiffée à la George-Sand, assise dans les plis d'une ample et opulente robe de soie, aux manches pagode, comme on les portait aux environs de 1860, un bouquet de violettes impériales au corsage, la joue appuyée sur la main, dans cette même pose méditative qu'elle avait aujourd'hui, mais avec quelles préoccupations différentes ! Elle n'avait pas de rides alors, ni de cheveux blancs, et son regard armé pouvait défier l'Avenir. C'était l'époque où elle rêvait de jouer un rôle important dans l'histoire, d'être l'Egérie d'un César ou d'un dictateur. Que de beaux rêves avortés, depuis ! Si elle avait trouvé, en chemin, une couronne de comtesse et la fortune, elle n'avait pu fournir carrière à son impérieux besoin de domination.

Jules Lemaître avait été son dernier atout au jeu de la chance. Elle avait cru pouvoir réaliser avec lui ce qu'elle n'avait pu réaliser ni avec le prince Napoléon ni avec le ministre Baroche. Elle l'avait arraché à son repos, à ses livres, à ses curiosités de dilettante, à son humeur sceptique, pour en faire un fanatique, un militant, et le jeter dans le tourbillon de la politique. Elle avait cru tenir le succès. Elle avait cru voir le rideau se lever sur l'apothéose finale ; elle avait entendu, hier, ces mêmes murs retentir des acclamations de la foule, et voilà que la partie était irrémédiablement perdue !

Ses amis présents partageaient sa détresse et respectaient son silence. Une sourde rancune grondait là contre Jules Lemaître. Quand il parut, les mains refusèrent de se tendre vers lui, et la comtesse ne trouva à lui dire que ces mots pleins d'aigreur : « Vous m'avez profondément blessée. Je n'aurais jamais cru *cela* de vous ! » *Cela*, c'était un mouvement de conscience, un acte de loyauté.

Il s'en fallut de peu que Lemaître ne fût chassé comme un faux-frère. Arthur Meyer s'emporta jusqu'à lui imputer sa loyauté à trahison. Levant les bras au ciel, de ce même ton dont l'acteur Gémier, sous le masque d'un flibustier de la finance, s'écriait dans la pièce de Fabre *Les Ventres dorés* : « Ah ! les honnêtes gens dans les affaires ! » Arthur Meyer s'écriait : « Ah ! ces poètes dans la politique ! » C'est qu'Arthur Meyer avait déjà vu son président d'honneur, le bon Coppée, dépité, jeter sa démission à la tête du Comité. Il en garda un si vif ressentiment que beaucoup plus tard, en plein sang froid, dans le silence du cabinet, il ne reculait pas d'écrire : « Un grand poète, un grand critique et même *un grand honnête homme* (c'est moi, qui souligne) peuvent malaisément assumer la tâche de diriger un parti politique. » N'est-il pas étrange que la triple expérience boulangiste, antidreyfusiste et nationaliste, ne soit pas parvenue à désiller les yeux d'Arthur Meyer et de ses amis, ni à à leur glisser dans l'entendement que l'emploi de moyens vicieux, même à bonnes fins, est toujours préjudiciable ; que faire appel à l'hypocrisie et à la ruse, pour un chef de parti, armer ses troupes d'armes truquées, c'est les conduire au désastre, et qu'il n'y a pas de pire désastre que celui où le vaincu, forcé de s'écrier « Tout est perdu ! » n'a pas même la consolation de pouvoir ajouter « sauf l'honneur ! »

Du moins, Mme de Loynes, plus fine ou plus franche que son entourage, ne mourut pas impénitente. Elle se réconcilia bientôt avec Jules Lemaître et trahit un jour ses remords de conscience à l'un de ses intimes en soupirant avec mélancolie : « Hélas ! on ne peut pas toujours suivre la ligne droite ! »

XXI

LE SCANDALE DU GROS-CAILLOU

J'avais aussi à me préoccuper de la troupe qui four-
millait dans les parages de l'Ecole Militaire et de tout
ce qu'elle faisait lever à son ombre de trafics louches
et clandestins. Cette portion du VIIe arrondissement
a bien changé depuis. Des immeubles bourgeois se
sont édifiés sur l'emplacement des terrains vagues :

> Où ceux qui sont au vice adonnés par nature
> De s'entr'assassiner se donnaient tablature.

Des magasins luxueux ont remplacé les taudis où
la basse prostitution ourdissait ses filets, et l'élément
civil, se développant, a fini, peu à peu, par absorber
l'élément militaire qui, à l'époque, dominait. La rue
appartenait aux soldats. Ce coin de Paris offrait
l'image d'un camp retranché. On n'y voyait que des
uniformes et leurs coutumes y faisaient loi. C'est que
les militaires n'avaient pas comme aujourd'hui, où le
métro, les *taxis* et les *autobus* sont intervenus pour
supprimer les distances, loisir d'allonger leur chaîne
et d'aller se répandre au loin. C'était tout un voyage

que de se rendre à Montmartre. Ils préféraient se tenir à proximité de leur caserne. Force leur était de brouter des distractions autour de leur piquet. Leur bout du monde, c'était Grenelle, avec ses débits frituriers, ses bals-musette, reliques de l'ancienne barrière et ce légendaire *Salon de Mars*, datant du premier Empire, dont, depuis lors, de générations en générations, ils formaient l'unique clientèle. Et l'arrondissement, lui-même, avait ses bouges où la troupe, les soirs de liberté, menait ses ébats, ses rixes et ses beuveries, ce qui obligeait fréquemment mes agents à intervenir. A preuve, cet incident que je n'hésite pas à relater (encore qu'il soit d'une nature assez triviale) parce qu'en même temps qu'il donne un tableau des mœurs de l'époque, il ouvre un jour sur la vie intime des commissariats.

Ce matin-là (il était lundi), je m'en revenais du rapport à la Mairie du XVe arrondissement, et regagnais mon domicile, rue de Grenelle, d'un pas d'autant plus accéléré que midi était proche et que l'appétit me talonnait. J'allais m'engager sur l'esplanade des Invalides, quand j'entendis courir derrière moi. C'était le garçon de bureau du commissariat de police du quartier du Gros-Caillou (alors installé dans une boutique de l'avenue de la Motte Picquet).

— Le patron vous a aperçu de loin, me dit-il en m'abordant, et c'est lui qui m'envoie. Il serait heureux d'avoir avec vous un instant d'entretien.

— A quel propos ?

— Je crois qu'il s'agit de l'affaire du 104.

— C'est bien, fis-je, je vous suis.

Et je revins sur mes pas.

Je connaissais cette affaire du 104 par le rapport de mes agents. Le 104 était une maison close, dont j'avais à l'œil le tenancier depuis qu'un hasard m'avait révélé, sous ses dehors de chattemite et d'insignifiant bellâtre, un homme de proie, un tempérament de négrier. C'était au cours de ma première ronde de nuit dans l'arrondissement. Je passais, avec ma petite escorte d'agents, devant son établissement lorsque des cris « Au secours ! à l'assassin ! » se firent entendre, poussés par une voix de femme, derrière les volets d'une fenêtre du premier étage. Il pouvait être trois heures du matin. L'établissement était fermé. Aucune lumière n'en filtrait. Je heurtai à la porte. Les cris avaient cessé. Au bout d'un instant, un homme, s'éclairant d'un bougeoir, vint nous ouvrir, vêtu seulement d'un pantalon et d'une mirobolante chemise de nuit de soie rose. J'eus la stupéfaction de reconnaître un habitué du *Café Gangloff*. Il y venait régulièrement, chaque soir, à l'heure de l'apéritif, faire sa partie de manille avec des officiers et des notabilités du cru. Je m'étais trouvé, une ou deux fois, assis à ses côtés. Il se donnait comme négociant et m'avait même félicité de ma récente nomination. Je n'en avais pas demandé davantage, ses relations semblant répondre de son honorabilité. Je pensais donc qu'il se trouvait céans par hasard, en client, et m'inquiétai près de lui, du patron de la maison.

Il me répondit, sans plus d'embarras que si je

lui avais demandé l'heure : « C'est moi ! » Je l'ignorais, comme devaient l'ignorer ses partenaires à la manille, mais je m'expliquai alors sa mise un peu spéciale, ses cravates voyantes, sa chaîne de montre monumentale, son jeu de breloques massives et l'insolite diamant qu'il exhibait au doigt.

S'autorisant de nos relations de café, il m'accueillit d'un sourire épanoui :

— Entrez-donc, monsieur l'officier de paix, vous êtes ici chez vous !

— Grand merci de l'honneur !, fis-je, sans trop me flatter qu'il en percevait l'ironie, et, suivi d'un seul agent sous-brigadier, feignant de ne pas voir la main qu'il me tendait, je franchis le vestibule et pénétrai dans l'immense salle de débit, si noyée d'ombre qu'il fallut allumer un bec de gaz pour nous y reconnaître.

Je lui demandai la raison des cris que j'avais entendus.

— Ne vous en inquiétez pas, me dit-il. C'est l'une de mes pensionnaires, engagée depuis peu, la nommée Zoé, une soularde que je vais balancer le plus tôt possible, et qui criait pour rien, à propos de bottes, sous l'influence de la boisson.

— Faites là descendre, je tiens à recevoir ses explications.

Précisément la femme descendait, mi-nue, ébouriffée, trébuchante, précédée d'une tempête de jurons, les yeux encore injectés d'alcool et de colère :

— Ah ! la police, s'écria-t-elle de satisfaction en

nous apercevant. Enfin ! ça n'est pas trop tôt, on va pouvoir s'expliquer !

— C'est vous qui avez crié tout à l'heure ?

— Probable que c'est moi !

— Et pourquoi ?

— Parce que le patron me bousculait.

— Oui, intervint le tenancier, j'étais à peine couché quand je réfléchis que j'avais oublié mes clefs dans la boutique, sur le tiroir-caisse. Je me levai pour aller les chercher et, tandis que je traversais le couloir, j'aperçus madame en train de se glisser dans la chambre d'une autre pensionnaire. Je ne tolère pas ces choses-là. Je suis inflexible sur le chapitre des mœurs. Je lui ai ordonné de rentrer chez elle. Elle s'y refusait. J'ai dû l'y ramener de force.

— Oh là là ! s'exclamait la fille, pensez-vous que je vais me laisser tarabuster longtemps par un coco de votre espèce J'en ai *marre* de votre boîte... une tôle infecte !

— Infecte !, protestait l'homme indigné, un établissement que j'ai payé 150.000 francs et où j'ai dépensé plus de 20.000 francs d'embellissements !

Et sa main me désignait les murs ornés de glaces, de trumeaux forains, d'ornements de staff.

— Si ! une tôle infecte, insistait la fille.

Et, retournée vers nous : « Messieurs les gradés, on nous exploite ici jusqu'à la gauche. On est nourries comme des chiens. »

— Ça n'est pas vrai. Vous supposez bien, mon cher monsieur Raynaud...

— Appelez moi monsieur l'officier de paix.

— Vous supposez bien, monsieur l'officier de paix, que c'est mon intérêt de bien nourrir mon personnel. Je sais qu'il ne rend qu'en mesure de cette fonction. Du reste renseignez-vous auprès des autres.

Je n'eus pas besoin d'appeler les autres. Tout le pensionnat, attiré par le bruit, se penchait, aux écoutes, sur la rampe de l'escalier et, insensiblement, de marche en marche, poussé par la curiosité, se coulait jusqu'à nous. Il y avait là une demi-douzaine de filles, dépouillées de tout artifice de toilette, réduites à leur plus simple expression, les yeux encore gonflés du premier sommeil, l'air bestial et avachi, d'une anatomie si pauvre qu'elles en inspiraient, comme eût dit Laurent Tailhade : « l'horreur du péché ». Une seule était jolie, petite, blonde, les seins fermes et potelés.

— Dites, mesdames, avez-vous à vous plaindre de la nourriture ? jeta l'homme, sûr de n'être pas démenti.

Elles se taisaient. Enfin, l'une, massive, brune, avec un long profil chevalin, déclara :

— Pour ce qui est de la nourriture, passe encore, mais faut s'esquinter au travail. Les amendes pleuvent dru comme grêle pour un oui ou pour un non...

— Je n'admets pas de fainéantes chez moi, expliquait le tenancier. J'ai trop souci de ma réputation et du bon renom de mon établissement. D'ailleurs, à part les nuits de samedi à dimanche et de dimanche à lundi où ces messieurs de l'armée rappliquent, la clientèle est assez clairsemée et chacune de ces dames a droit à un jour de congé par semaine.

Cependant Zoé poursuivait ses doléances :

— J'en ai *marre* que je vous dis. Je veux m'en aller !

— Vous partirez quand vous m'aurez réglé vos dettes pour frais de nourriture et le reste.

— Faudra d'abord éplucher vos comptes d'apothicaire... Pour ce qui est de la voiture, bernique !

— Quelle voiture ? demandai-je.

— La voiture de monsieur. On nous retient pour les frais, à chacune, 20 francs par semaine.

— Ça ne fait pas 6.000 francs par an, dit le tenancier, et ma voiture m'en coûte dix. J'en suis encore de ma poche.

— Mais quelle nécessité d'en prélever l'impôt sur ces dames ?

— C'est pour elles que j'ai cette voiture, pour mes courses à la Préfecture, au Deuxième bureau, au Dispensaire... Ça leur évite des déplacements, des pas et du temps perdus. Il est bien juste qu'elles m'indemnisent.

On conviendra que l'explication ne valait guère.

A ce moment, un mouvement se produisit parmi les dames. Toutes se rangèrent comme des conscrits au port d'armes. La patronne descendait. *Incessu patuit dea.*

Elle avait pris le temps de passer son corset, son peignoir le plus fulgurant et sa perruque noire frisée, haute comme un bonnet à poil de grenadier, entremêlée de nœuds de satin rouge, pour paraître en beauté devant l'autorité. On sentait qu'elle régnait sur son monde et qu'elle l'avait en main.

Elle s'avançait, digne, hautaine, cérémonieuse :

— Que signifie tout ce bruit ?, demanda-t-elle d'un ton de princesse de tragédie, puis, sans attendre une réponse dont elle n'avait nul besoin, car elle avait tout entendu de sa chambre, elle poursuivit : « Croyez, messieurs, que je suis profondément désolée de cet incident et du dérangement qu'il vous a occasionné. Je ne saurais trop m'en excuser auprès de vous. C'est la première fois qu'une descente de police a lieu chez moi en si grand appareil. Je me plais à croire que ce sera la dernière. Je suis victime de mon bon cœur. J'avais recueilli cette malheureuse fille dans l'espoir qu'elle me saurait gré de l'avoir sortie de la misère et qu'elle se corrigerait de ses vices. Elle n'avait chez moi qu'à se laisser vivre. Elle n'avait, sous les yeux, que de bons exemples. Emmenez-la, messieurs ! Faites en ce que bon vous semble. Qu'elle retourne à son bourbier ! Il suffit d'une mauvaise brebis pour gangréner tout le troupeau. Emmenez-la, séance tenante !

— Mais, objecta le tenancier à sa femme, songez-vous, chère amie, à ce qu'elle nous doit ?

— Je lui en fais grâce. On ne saurait payer trop cher un si providentiel débarras !

— Mais ne craignez-vous pas, reprit l'autre, obsédé d'un souci d'avarice, de créer un précédent fâcheux ?

— J'ai dit ! répliqua la dame, enflée de sa décision. Dieu merci ! J'ai confiance en mes autres pensionnaires dont je sais le dévouement et l'attachement au devoir. Remontons, mesdames ! Laissons ces messieurs accomplir leur office.

Puis, s'étonnant de la présence de la petite blonde aux seins potelés :

— Hé quoi ? Zélie, vous êtes là, et vous avez une « coucherie » cette nuit !

Et Zélie, rougissante comme une écolière prise en faute, remonta quatre à quatre, dans sa chambre.

La patronne nous fit alors une révérence de cour et, toujours très digne :

— Au revoir, messieurs, mais dans de moins pénibles circonstances. Soyez sûrs, alors, d'être toujours chez moi les bien venus.

Et, ramassant la traîne de son peignoir, elle remonta lentement, oscillant de sa croupe énorme, suivie de toutes ses pensionnaires médusées, comme une supérieure de couvent suivie de ses catéchumènes. Zoé voulait prendre la file mais, retournée du haut du palier, la tenancière l'écarta d'un geste impérieux :

— Non ! restez avec ces messieurs ! vous ne faites plus partie de la maison. Je ne veux que du monde propre !

Il fallait s'incliner, l'oracle avait prononcé. Zoé, un peu dégrisée par la menace de son arrestation et la perspective d'un stage à Saint-Lazare, remuée par la solennité du geste imprécatoire de la patronne, supplia qu'on la laissât finir la nuit dans sa chambre, jurant ses grands dieux qu'elle resterait tranquille jusqu'à la minute du départ, et l'homme finit par y consentir. Je n'en demandais pas davantage. L'ordre était rétabli. Mon rôle de pacificateur terminé. Le reste ne me regardait pas. C'était l'affaire du commissaire de police.

Nous n'avions plus, mon subordonné et moi, qu'à nous retirer. Ça ne faisait pas le compte de l'oiseau.

— J'espère bien, minauda-t-il, d'une voix sucrée, que ces messieurs ne vont pas s'en aller sans se rafraîchir. Le dérangement vaut bien ça. Qu'est-ce que je vais vous offrir ?

Et comme nous n'avions pas l'air d'entendre son invitation, il crut avoir raison de notre indifférence en ajoutant :

— Il me reste précisément une vieille bouteille de fine 1850, un franc régal (et, faisant claquer sa bouche, il y portait, en signe d'admiration, les mains pour y cueillir un baiser qu'il jetait à l'espace) un véritable velours dont vous me direz des nouvelles et que je garde précieusement pour les amis.

— Raison de plus, fis-je, pour ne pas leur en faire tort d'un seul verre.

Et je sortis, entraînant mon sous-brigadier.

J'allais, par la suite, entendre parler fréquemment de cette maison et me convaincre que si la tenancière avait su établir chez son personnel une discipline de fer, elle disposait d'un crédit moindre sur sa clientèle turbulente. Des rixes si fréquentes y éclataient entre militaires et civils, et même entre militaires, provoquées par des rivalités de régiment, que j'avais dû établir à la fois un service d'ordre aux abords et une surveillance occulte à l'intérieur. Les jeudis, samedis, dimanches et jours de fête, s'y rassemblait l'écume des casernes environnantes : cuirassiers, dragons, artilleurs, tringlots, hussards, lignards, et jusqu'à des *Rizpain-sel* du quai de Billy, qui s'y retrouvaient sans trop s'y mêler, y apportant des préjugés de corps et le souci de faire prévaloir la supériorité de leur arme. La corde était surtout tendue entre les cavaliers du 2⁰ cuirassiers et les fantassins du 129⁰ de ligne, logés côte à côte, les premiers à l'Ecole militaire, les seconds à la caserne de la Tour-Maubourg. Leur antipathie était de vieille tradition. Aucune fraternité n'était possible, depuis, surtout, qu'un sergent du 129⁰ de ligne s'était mêlé de faire punir des cavaliers qui s'étaient refusés à le saluer. Et peut-être cette rancune des fantassins contre les cavaliers avait-elle des racines plus profondes qu'une vulgaire animosité de corps.

Les fantassins avaient beau s'enorgueillir du dicton consacré : « L'infanterie est la reine des batailles », ils se sentaient engoncés dans leur capote, sous leur ridicule shako à pompon, humiliés, au fond, par la haute stature des cuirassiers, casqués et éperonnés, drapés dans les vastes plis de leur manteau flottant, comme des héros de théâtre.

Les uns et les autres ne frayaient guère. Chaque arme avait, dans le débit, son coin, ses tables, ses jeux, ses femmes. Tous se défiaient, de loin, du regard. Le plus souvent, leur hostilité se dépensait en sarcasmes. Pour ce qui est du bagout, le 129⁰, composé de Normands finauds et de Parigots dessalés, avait l'avantage sur le 2⁰ cuirassiers, composé, en majeure partie, de Bretons taciturnes et rassis. Le répertoire d'invectives des Bretons était strictement limité. Quand ils avaient jeté l'épithète de « culs-terreux », de « crève-la-faim » et de « pousse-cailloux » à l'adresse de leurs compagnons de misère, ils étaient à bout de ressources, tandis que les autres, bien qu'ils se servissent aussi du répertoire courant où revenaient les mots de « citrouillards », « moules en fer blanc », « mangeurs de crottin » savaient varier leurs boutades à l'infini et cingler leurs adversaires au bon endroit. Le départ de Zoé, déclanchant automatiquement l'entrée d'une nouvelle recrue parmi le personnel de l'établissement, allait mettre le feu aux poudres.

Zoé était partie, non pas libérée de tout engagement comme le lui avait fait espérer sa patronne. Cette dernière nous avait joué la comédie. Si elle m'avait offert d'arrêter sa pensionnaire, c'est qu'elle savait fort bien que je n'en avais pas le droit. Elle avait étalé une fausse magnanimité. Profitant des bonnes dispositions où se trouvait Zoé, après cette alerte et son dégrisement, elle lui avait fait signer une reconnaissance de dettes et, sans négliger de retenir une partie de son linge en gage, l'avait refilée à une maison concurrente contre une prime de 500 francs, comme un vulgaire ballot de marchandise.

On l'avait remplacée par une grosse fille blondasse, suffisamment mamelue pour affriander toute la garnison. Le surnom de *Mireille* qu'on lui avait imposé, ajoutait à ses attraits plastiques un ragoût d'idéal et de distinction. Fantassins et cavaliers la convoitaient d'un même cœur. Il s'agissait de savoir, puisque le partage était interdit, de par les conventions jalousement respectées, à quelle arme iraient ses préférences. A dire vrai, comme toutes ses pareilles, *Mireille* ne consultait guère, pour les agréer, que le porte-monnaie de ses clients, mais il lui fallait, sauf à la dérobée, se conformer publiquement à l'usage. Les cuirassiers l'emportèrent à cause qu'elle était Bretonne et qu'ils lui rendaient l'air et l'accent de son pays. Le premier soir où elle accepta de boire à leur table, sachant bien à quoi elle s'engageait, tout ce qu'il y avait d'infanterie présente fut secoué d'un frémissement de rage. Un petit troupier du 129°, — appelons-le Pierre pour les commodités du récit — se faisant le champion des siens, se mit à déblatérer à haute voix contre la cavalerie ennemie, et comme ses adversaires l'invitaient au silence avec ces mots : « Ta bouche !... eh ! bas-du-dos ! », cette allusion à sa taille exiguë mit le comble à son exaspération. Et d'une voix où sifflait la colère, il jeta à leur adresse :

— Ces clients là, parce que ça porte un chaudron sur la tête, ça crâne auprès des femmes et ça n'en a pas même un pouce de vigueur !

— De la vigueur, on en a plus que vous, tas de flapis ! lui répliqua un gars casqué.

L'Infanterie ne pouvait rester sous le coup d'un tel affront.

Il s'ensuivit une scène de désordre indescriptible, où Pierre, rué en avant :

Montra que s'il était de taille minuscule.
Son assiette était ferme et qu'au style des PREUX,
Il savait, pour découdre un assaillant nombreux,
Emprunter la massue et la vigueur d'Hercule.

La victoire lui restait. Mais la roche Tarpéienne est près du Capitole. Tandis qu'il jouissait de son triomphe, perdu dans les étoiles, voilà deux gardiens de la paix rabat-joie, que l'on était allé quérir, surgis brusquement, qui vous l'empoignent à l'improviste à tour de bras et vous l'emportent au dehors d'une façon si expéditive que cela ressemblait à un escamotage et que toute l'assemblée en demeura clouée d'étonnement.

C'est évidemment à ce sujet que le commissaire désirait m'entretenir et je devinais sa perplexité, car ce vieux magistrat n'avait jamais passé pour un aigle ni en savoir ni en jugement, et le peu qu'il en avait s'oblitérait de jour en jour sous l'influence de l'âge et des infirmités.

Il s'embarrassait des affaires les plus simples. Tatillon de nature, il avait toujours été de ceux dont ont dit qu'il « se noient dans un crachat ». Avec cela, timoré jusqu'à s'effrayer de son ombre, et si souvent rabroué par ses chefs pour ses impairs et ses maladresses, qu'il n'osait plus se mêler de rien, et qu'en attendant sa retraite imminente, il avait fini par résigner ses fonctions à son secrétaire qui s'en acquittait d'ailleurs fort bien. Or la fatalité voulut que ce secrétaire se trouvât actuellement en congé.

Le commissaire n'avait à sa disposition qu'un suppléant fraîchement nommé, ignorant l'abécédaire du métier et par conséquent incapable de lui frayer la voie, et le commissaire voulait me consulter, autant pour s'éclairer que pour avoir prétexte, en cas de réclamation, de se couvrir de mes suggestions. Il redoutait un conflit avec l'autorité militaire. Il avait remué toutes ses archives, compulsé sa collection d'ordonnances et de circulaires, dont la charge faisait plier sa table, sans y trouver la marche à suivre.

— J'ai beau feuilleter tous ces documents, se désolait-il, et tout ce qui concerne l'arrestation des militaires, je n'y vois que désaccord et confusion, indications contradictoires. C'est la bouteille à l'encre.

— Voyons, lui fis-je remarquer, ce n'est pas la première fois que vous avez à trancher le cas d'un militaire arrêté. On vous en amène assez fréquemment. Il n'y a que ça dans votre quartier.

— Oui, me répondit-il, arrêtés pour ivresse ou tapage sur la voie publique, mais c'est la première fois qu'un cas si épineux se produit !

— En quoi, épineux ?.. Fiez-vous à la circulaire du 22 novembre 1844 qui dit : *A Paris, les commissaires de police doivent faire conduire à l'Etat-major de la place avec un rapport, tout militaire, quel que soit son grade, arrêté pour un fait quelconque.*

— Je viens de la lire, en effet, mais la circulaire ajoute :

« Tout militaire *en congé* », et celui-ci n'a pas quitté son corps.

— Ne chicanez pas sur les mots. Traduisez « en congé » par en « dehors de la caserne » et « hors du service ». D'ailleurs, puisqu'il était dans l'établissement après minuit, l'homme devait bien avoir en poche une permission, ne fût-ce que de théâtre, et cela suffirait pour le mettre en état de congé.

— Mais, reprit le commissaire, le nez sur le texte qu'il épelait mot à mot, notez que cette circulaire ne vise que les militaires arrêtés pour un fait n'entraînant pas des poursuites judiciaires. Or, ici, il y a, bel et bien, lieu à poursuites. C'est donc au dépôt, et pas à l'Etat-major de la place que je dois envoyer mon bonhomme.

— Non ! réfutai-je, les militaires ne sont justiciables des tribunaux ordinaires qu'en cas de délit commis de complicité avec des civils.

— Il y avait des civils dans la salle !

Cette objection ridicule acheva de m'impatienter :

— Après tout, fis-je en me levant, agissez comme vous l'entendrez !

— Mais enfin, supplia le commissaire subitement radouci et dont les idées s'embrouillaient au fur et à mesure de la discussion, que feriez-vous à ma place ?

— Je n'en sais rien... cela dépendrait des circonstances, de l'attitude de l'inculpé, de ses antécédents. Peut-être, considérant sa longue détention au poste comme une punition suffisante, me bornerais-je à l'élargir avec une semonce.

— Comment une « semonce » ?, sursauta mon interlocuteur, mais il y a délit... et délit bien caractérisé.

— Oui !... s'il est admis toutefois, que la morale puisse être « outragée » dans un lieu où elle n'a pas accès ?

Le commissaire prit un ton doctoral et pensa me foudroyer en énonçant avec une emphase solennelle :

— L'article 330 du Code Pénal est formel. Ce n'est pas à moi à discuter la loi.

— Qui vous demande de la discuter? Il vous appartient de l'interpréter, et de vous éclairer sur les vraies intentions du coupable, de mettre en balance l'acte et la sanction. N'oubliez pas que votre soldat risque le conseil de guerre, les compagnies de discipline, *Biribi*. Ne serait-ce pas lui faire payer trop cher une simple étourderie ? Et, d'ailleurs, qui se plaint ?

— On m'a signalé deux clients civils qui ont protesté et que je fais rechercher.

— Inutile. C'étaient deux de mes agents en bourgeois, postés là en surveillance. Leur devoir leur con   lait de protester, comme il leur commandait de mettre fin au scandale en appelant leurs collègues en uniforme, postés à l'extérieur. Ce sont eux qui sont allés les requérir, ce qui explique le dénouement rapide de l'incident, et c'est d'eux que j'en tiens tous les détails. Mais ils ne pourraient se faire connaître sans se « brûler ». Et puis, à quoi cela vous servirait-il, puisque l'autorité militaire est seule qualifiée pour instruire, à fond, cette affaire ?

Mais c'est là précisément, où le bât blessait le commissaire, qui, depuis neuf heures du matin (et il était midi sonné) n'avait cessé de tenir conseil, assisté de tout son personnel, pour élucider si l'algarade de Pierre constituait un délit *civil* ou un délit *militaire*. En laissant s'écouler, à force de tergiverser, un si long délai, le magistrat s'était rendu fautif. Il avait contrevenu aux prescriptions de l'Administration, qui veut qu'une décision rapide soit prise à l'égard des militaires arrêtés, et qui, même en cas d'ivresse manif ste, ne souffre pas qu'ils séjournent dans les postes au-delà du temps strictement nécessaire à leur dégrisement.

Je n'étais pas fâché de le lui faire sentir et de m'en faire argument pour l'amener à quelque indulgence.

— Votre intérêt, lui dis-je, vous commande de ne pas chercher à envenimer les choses. Le moindre bruit, autour de cette affaire, sera le mieux. Il va de soi qu'il ne s'agit pas de l'étouffer. Ce serait impossible, puisqu'une trop longue détention à mis notre tourlourou en état d'absence illégale à son corps, et qu'il faut bien qu'il s'en justifie auprès de ses chefs, et, si j'émettais tout à l'heure l'hypothèse de son simple élargissement (mesure, je l'avoue, peu réglementaire, mais excusable, au pis aller, et sans danger pour personne), je n'imaginais l'homme élargi que suivi d'un rapport à l'autorité militaire, mais, là encore, reste à examiner s'il ne serait pas préférable d'atténuer les termes de ce rapport et d'en réduire l'inculpation à celle de « tapage injurieux », ce qui laisserait le colonel maître de dénouer la situation avec quelques jours de « grosse boîte » sanction suffisante, sans faire intervenir les juges du conseil de guerre, si enclins à tout éplucher qu'ils pourraient vous demander compte d'une détention abusivement prolongée.

— J'exciperais des nécessités de l'enquête.

— A quoi ils ne manqueraient pas de répondre qu'elle n'était pas de votre ressort et qu'il vous suffisait de leur en fournir les premiers éléments.

A ce moment, un inspecteur vint annoncer l'arrivée dudit satané Pierre, que l'on avait, à mon intention, fait mander du poste de la rue Amélie, où il était consigné.

J'étais curieux d'observer sa mine et, puisque l'on m'invitait à délibérer sur son cas, de m'éclairer à son sujet, je priai le commissaire de vouloir bien le faire introduire.

Je vis paraître un petit gars râblé, trapu, avec une bonne figure rougeaude et des yeux vifs de paysan madré. Il se disait Normand, originaire des environs d'Isigny, où il servait de valet de ferme avant son départ au régiment. Il s'avança un peu intimidé par mes trois galons, mais nullement désemparé, et persuadé que, victime d'une arrestation arbitraire, il n'avait qu'un mot à dire pour dissiper le malentendu et reconquérir sa liberté.

— Ah ! voilà le vantard, m'exclamai-je en l'apercevant. Je disais le « vantard » comme j'aurais dit le « loustic », celui qui fait des siennes en société, sans s'émouvoir d'y déchaîner la discorde et le bruit.

Il se méprit sur le sens du mot « vantard », qu'il traduisit par « menteur » et crut que je voulais lui contester ses dons d'éloquence.

— Mais non, je ne me vante pas, fit-il, interloqué, comme d'une injure gratuite, d'un pareil soupçon.

Et, déjà, il s'apprêtait à me rééditer ses arguments.

— Mais, vous êtes fou ! lui dis-je... C'en était déjà trop que d'une fois, et votre arrestation aurait dû vous servir de leçon.

Il eut un geste d'étonnement.

— Alors, c'est pour ça qu'on m'a arrêté ?

— Evidemment. Vous vous êtes rendu coupable d'un manquement grave à la Bienséance.

— A la... quoi ?, interrogeait l'homme, ouvrant des yeux en porte charretière, comme s'il venait d'entendre pour la première fois un vocable inconnu.

— *A la Bienséance,* mon garçon, réitérai-je. Il n'est pas permis de se compromettre ainsi sans nécessité.

— Est-ce qu'il n'y avait pas nécessité de la boucler à ces grands pendards d'arsouilles qui viennent nous voler nos « poules » et à leur montrer ce que vaut un fantassin ?

— Pas de cette façon là... Savez-vous que vous risquez le Conseil de guerre ?

A ce mot de « Conseil de guerre », le troubade, pris d'un accès de désespoir, jeta violemment contre la muraille le képi qu'il tenait à la main, et s'écria :

— Tonnerre de sort !... Bon sang de bon sang !... Y a pas d'bon Dieu !

Et il suffoquait, étranglé de sanglots.

Le commissaire se décida enfin à prendre une résolution.

Il fit conduire le militaire à la Place, et je m'éloignai, en me demandant ce qu'eût pensé de cette affaire le poète latin Juvénal, dont elle m'avait remis les vers en mémoire :

Fatum est in partibus illis
Quas sinus abscondit. . . . .

Il y aurait vu que ces sortes de révélations ne sont pas toujours le signe d'un heureux destin et qu'il y a des cas où l'opinion tient à déshonneur et scandale ce qu'elle estime ailleurs source de gloriole et de profit.

XXII

TYPES D'OFFICIERS FRANÇAIS

Le 104 a dû fermer ses portes depuis, faute de clientèle, comme la plupart des établissements similaires, prouvant ainsi que les mœurs de l'armée se sont épurées. Cela tient à diverses causes ; d'abord à la diffusion de l'instruction et du bien-être dans la nation. Il y a partout moins d'illettrés et de rustauds, d'où diminution des vices engendrés par l'ignorance. Il faut noter encore les effets du nouveau mode de recrutement. La suppression du volontariat, abolissant les dernières barrières et jusqu'au moindre vestige de privilèges, a si profondément mêlé toutes les conditions sociales, au régiment, que les bons éléments renforcés s'y voient en état d'opposer aux mauvaises influences une digue plus efficace. Il y a aussi la réduction des années du service. Son stage bref à la caserne ne permet plus à la jeunesse d'oublier les notions reçues à l'école et dans la famille, ni de contracter les défauts de l'ancienne armée de carrière, alerte et entraînée aux combats, certes ! mais vite rouillée, en temps de paix, par l'oisiveté et persuadée que la supériorité du militaire sur le civil consiste uniquement à faire étalage de qualités de bretteur et d'étalon. On ne rengage plus guère. Les vieux briscards chevronnés, les *rempilés* fanfarons, fricoteurs et chapardiers, ne sont plus là, qui s'ingéniaient, en brimant les conscrits, à les induire aux mauvaises façons et à leur inculquer les préjugés d'arme et de corps.

D'ailleurs, le *bleu-horizon*, se substituant uniformément aux couleurs variées des brillants costumes et aux ornements de parade, a étouffé l'un des principaux germes de rivalité et de discorde. Mais ce qui, surtout, a contribué à corriger les fâcheux errements de la vie de caserne, c'est l'idée plus haute que les officiers se font, aujourd'hui, de leur mission.

Il faut bien avouer que les types du *Colonel Ramollot*, du *Commandant Laripète*, et autres de même farine sont en train de disparaître, et que l'officier moderne s'éloigne, de plus en plus, de l'image du traîneur de sabre, de la brute galonnée, ou du gradé-fantoche, pilier d'estaminets, que, par tradition et pour l'amusement de la foule, se repassent encore nos faiseurs de contes et de vaudevilles.

La nouvelle génération d'officiers avec lesquels ma situation au VIIe arrondissement m'avait mis officiellement en rapport aurait suffi pour me faire constater ce redressement moral, si je n'en avais eu, sous les yeux, jusque dans mon petit cercle d'intimes, assez d'exemples frappants.

Je comptais alors, parmi mes administrés, trois jeunes lieutenants, auxquels m'unissait plus encore que des liens de famille, une conformité d'âge et d'humeurs. Tous trois étaient issus de milieux différents. L'un, Gustave Mercier, affecté, pour l'heure, au régiment en station à la caserne Babylone, était fils de cultivateurs ardennais. Instruit par le curé de de son village, il était sorti des rangs, en passant par Saint-Maixent. Les deux autres venaient de Saint-Cyr et suivaient les cours de l'Ecole de guerre, mais bien qu'ils portassent le même nom : Dresch, le premier (Lucien) appartenait à une famille bourgeoise d'universitaires ; le second (Georges) était fils du Paris laborieux, ce qui ne les empêchait pas, tous trois, de se rejoindre dans le même sentiment élevé du Devoir, dans le même souci de ne plus considérer les effectifs sous leurs ordres comme un simple matériel humain et de faire rayonner, autour d'eux, une discipline éclairée.

Gustave Mercier, aujourd'hui commandant au 69e de ligne, à Nancy, a rédigé son journal de guerre. Je voudrais le lui voir publier. On y prendrait mesure de ses qualités d'initiative, d'endurance et de ténacité. On y verrait de quelle flamme intrépide, mêlée de sollicitude, il savait, au front, tenir ses troupes en haleine et stimuler leur zèle.

Lucien Dresch est devenu contrôleur de l'armée. Une femme délicieuse et d'esprit cultivé imprime à son foyer un cachet de rare élégance et de haute intellectualité. Georges est devenu général de brigade, en attendant mieux. Il commande, actuellement, le régiment des tirailleurs, à Sétif, en Algérie. Mes relations avec lui étaient d'autant plus étroites qu'elles dataient de plus loin : Nous avions, tous deux, poursuivi notre carrière, côte-à-côte, parallèlement, pour ainsi dire. Il était affecté comme lieutenant à la caserne des Tourelles, lorsque j'étais officier de paix au XIXe arrondissement. Il vint s'installer, en même temps que moi, au VIIe, pour y suivre les cours de l'Ecole de guerre. Je devais le retrouver au quartier de Plaisance, lieu de séjour de ses parents, à l'époque où, détaché à l'Etat-Major de l'armée, il avait licence d'y venir chaque jour, prendre ses repas. Célibataire rangé et de mœurs paisibles, il ne dédaignait pas de me consacrer la plupart de ses heures de loisir. Et, tant au XIXe qu'au VIIe arrondissement, il m'avait accompagné, souvent, jusque dans mes rondes de nuit et mes expéditions nocturnes. C'était, alors, un grand garçon svelte, à la physionomie fine et distinguée, brun avec des yeux bleus, particularité que je suis bien près de considérer comme l'indice d'une nature privilégiée puisque je l'avais déjà rencontrée notamment chez deux éminents contemporains : M. Andrieux, l'ancien préfet de police, qui a su faire son trou et s'imposer à l'attention avec une fougue si magistrale, et M. Touny, qui, fils d'un simple brigadier, s'est élevé, par ses seuls mérites, à la direction de la police municipale, où il s'est si brillamment comporté.

J'ai gardé souvenir de ces longues promenades nocturnes dans les rues désertes, où l'agrément et le feu des discussions nous laisait oublier l'heure. Discussions toutes pacifiques, car Georges était d'esprit trop souple et d'humeur trop courtoise, pour s'emporter jamais. J'y trouvais l'avantage de pouvoir m'exprimer, avec lui, en toute franchise, sans risque de voir la discussion s'envenimer. Nous abordions tous les sujets. Nous nous entretenions souvent de peinture, car à la façon du commissaire du même nom, dont il était parent, il maniait le pinceau d'instinct, et si je l'initiais aux secrets de la littérature, il m'initiait aux secrets de la stratégie militaire. Il me rendait sensibles par des graphiques rapides de son crayon sur une feuille de calepin, ou par des traits de sa canne sur le sable, à la lueur d'un bec de gaz, les batailles célèbres de l'histoire. J'étais attentif à ses démonstrations, sans, toutefois, me départir de la conviction que le hasard reste, en toute chose, ici-bas, le maître souverain. Je me plaisais à le taquiner, à ce sujet, en lui représentant qu'un chef d'armée ne règle pas plus sûrement l'issue des batailles que les politiciens ne règlent les événements de la vie publique, ou les météorologistes les variations de température.

— Si ingénieuses, lui disais-je, que soient les dispositions prises par un général, il reste toujours, en dehors de son action, des accidents qu'il ne saurait prévoir. A preuve, les éléphants d'Annibal. L'histoire nous apprend que, dans l'antiquité, où l'on combattait corps à corps, des armées exercées ont lâché pied, parce qu'elles avaient le soleil ou la grêle ou le vent dans les yeux.

— Evidemment, concédait Georges, mais c'est là l'exception, et le génie du général consiste alors à savoir utiliser le hasard à son profit. Vous devriez être frappé de ce fait qu'à la guerre ce sont toujours les mêmes qui remportent la victoire.

— A la roulette aussi, ce sont toujours les mêmes qui gagnent. Il y a des gens nés sous une heureuse étoile, et que la chance favorise. Ne voyez-vous pas, dans tous les genres d'entreprises, des médiocres et même des imbéciles constamment réussir là où des gens de valeur échouent impitoyablement ? Je vous accorde que César était prédestiné à la victoire, mais le génie de Napoléon a-t-il pu le sauver du désastre de Russie et de Waterloo ? Vous me direz qu'alors il se trouvait fatigué et n'était plus en pleine possession de ses moyens. Je crois plutôt que sa chance avait tourné. Et, le plus curieux, c'est que cette chance lui était venue avec Joséphine de Beauharnais. En divorçant d'avec elle, il semble que, du même coup, il ait divorcé d'avec la Fortune.

Mais Georges ne pouvait admettre mon fatalisme.

— Il n'y aurait donc plus, disait-il, qu'à se croiser les bras ?

— Non pas ! Voyez les peuples orientaux. Il n'y en a pas de plus intrépides ni de plus déterminés à la guerre, puisque le sentiment de la fatalité leur en fait mépriser les périls. Leurs soldats sont persuadés que rien n'avancera pour eux l'heure de la mort. Et la nature met en nous un incessant besoin d'activité, auxquels les êtres sains, surtout, ne peuvent se soustraire. La seule chose en notre pouvoir est de nous tenir toujours prêts à répondre à l'appel du Destin.

XXIII

L'EXPÉDITION DE FEZ

Sorti l'un des premiers, de l'Ecole de guerre, Georges Dresch était bientôt nommé capitaine, puis chef de bataillon, et c'est comme chef de bataillon, commandant le 6ᵉ bataillon du 3ᵉ tirailleurs, au Maroc, qu'il allait s'illustrer par un véritable exploit, lors de l'expédition de Fez.

On sait que, le 29 mai 1912, un soulèvement des tribus avait eu lieu, là-bas. Des contingents ennemis considérables avaient exécuté une attaque contre la ville et avaient réussi à s'y glisser en un point. La situation locale avait pu être tant bien que mal dégagée. Toutefois, le général Lyautey, dans sa dépêche au gouvernement, ne cachait pas ses inquiétudes sur l'état de la situation générale qu'il redoutait, en raison de ses causes profondes et du voisinage des Harkas.

Mais, le 2 juin, parvenait à Tanger une dépêche rassurante disant l'ordre rétabli grâce à l'intervention de la colonne Gouraud et cette dépêche mentionnait :

« Ce fut l'arrivée successive des trois bataillons

de renfort qui permit au général Lyautey de prendre l'offensive contre la Harka. L'un de ces bataillons, le bataillon Dresch, couvrit en une journée, une étape de 55 kilomètres.

J'en ai tenu, depuis, le récit de la bouche même du héros. C'est une page d'histoire que je reproduis, ici, telle qu'il me l'a contée.

« J'avais, disait-il, quitté Aïn-Lorma, le 29 mai, à 4 heures du matin, pour Meknès, distant de 25 kilomètres, où j'arrivai vers 10 heures. Un officier de l'état-major m'attendait à la porte de la ville, que je traversai, tambours, clairons, musique en tête pour bien montrer que « nous étions un peu là ». Le défilé dura une bonne demi-heure, à travers des ruelles, véritables coupe-gorges, et nous allâmes camper sur une ' uteur voisine, lieu des approvisionnements, à côté de deux compagnies du 2ᵉ tirailleurs et d'une compagnie chérifienne, sûre, paraît-il. Sitôt mon bataillon installé, je remonte à cheval et, toujours accompagné de l'officier de l'état-major, je reviens à Meknès, pour me présenter au général Dalbiez et solliciter le remplacement de mon outillage de transport fatigué. Le général Dalbiez s'avouait peu rassuré avec le peu d'effectifs (cinq compagnies) dont il disposait et m'engagea à partir, le lendemain matin, pour gagner Fez d'urgence, en doublant une étape, c'est-à-dire en mettant deux jours au lieu de trois, pour couvrir 70 kilomètres. Il faut rappeler que Fez avait été attaquée, très sérieusement, le dimanche et le lundi de la Pentecôte, et le général Moinier venait de télégraphier que la situation était inquiétante. Je devais donc partir le 29 au matin pour arriver à Fez le 30, dans la journée. J'accompagnais, en outre, un convoi de munitions et une quarantaine d'autres voitures de convoi ordinaire. Dans la journée du 28, le général Dalbiez envisageait la possibilité d'une attaque de Meknès, au cours de la nuit même, et me prescrivait de défendre, le cas échéant, une certaine partie du front du camp. Dans l'après-midi, nous touchions 12 mulets de rechange et huit porteurs arabes, ainsi que nos vivres pour la journée du lendemain et, vers 2 heures, je profitai de la venue au camp du général Dalbiez pour lui demander deux pièces d'artillerie de 75 de campagne, ce qui me fut accordé. Mon départ restait fixé pour le lendemain, 29, à 4 heures du matin. Le soir, à 9 heures et demie, je rentrai sous ma tente, après avoir visité sentinelles et avant-postes. Presqu'aussitôt, un spahi m'arrive, porteur d'un pli urgent qui disait :

« Le convoi ordinaire sur Fez est supprimé. Le bataillon Dresch, la section d'artillerie de 75ᵉ et le convoi de munitions, partiront immédiatement, vers minuit, si possible, pour atteindre Fez, dans la même journée, 29 mai, à 30 kilomètres de Meknès. Le bataillon Dresch rencontrera le convoi descendant de Fez sur Meknès. Ce convoi rebroussera chemin et rentrera avec le bataillon Dresch à Fez, ainsi que la compagnie qui l'escorte. Les voitures vides serviront à alléger les tirailleurs. »

C'était, en effet, une marche forcée de 70 kilomètres à faire. La distribution n'avait pu avoir lieu à temps. La soupe avait été retardée. Mes hommes avaient à peine dormi deux heures. Je fais sonner le réveil, prévenir l'artillerie, le train, et, à minuit juste, le bataillon quittait le camp. A un kilomètre de là, se forme la colonne par l'arrivée de ses éléments ; deux compagnies précédées d'une section en avant garde, l'artillerie, une compagnie, le convoi de munitions et mon train régimentaire (mulets et porteurs arabes), une compagnie. Nous marchons ainsi pendant 7 heures et demie et nous rencontrons le convoi de Fez. J'y charge tous les sacs de mes hommes qui avaient 30 kilomètres dans les jambes et nous repartons. L'arrêt n'avait duré que 25 minutes. A 18 kilomètres plus loin, arrêt de 15 minutes, auprès d'une rivière, pour remplir les bidons, car je veux encore faire avancer mon bataillon de huit kilomètres avant de lui accorder un repos d'une heure et je sais que je n'aurai pas d'eau. Enfin, à 1 heure 15 de l'après midi, repos. Mon bataillon vient de marcher depuis 13 heures. Durant cette halte, les hommes font le café et reposent, couverts par ma cavalerie (20 cavaliers du 12° spahis). A deux heures trois quarts, la colonne s'ébranle à nouveau et, à 5 heures et demie, j'arrive sous les murs de Fez-El-Djediat, c'est-à-dire la partie de Fez où se trouve le palais du sultan, dont on apercevait la tour carrée, surmontée d'un clocheton pointu, long cube de ciment, percé, sur chaque face, de trois étages de hautes fenêtres étroites, en forme de meurtrières, ornées d'un liseré vert émaillé dont l'éclat vif s'enlevait sur la blancheur unie des murs. J'avais abattu 70 kilomètres en dix-sept heures de marche, et cela, sans laisser un seul traînard. Tout le monde était sur les rangs à l'arrivée. Seuls, douze hommes avaient dû monter dans les voitures, mais tous pouvaient répondre à l'appel. Les hommes reprennent leurs sacs et nous gagnons le camp qu'on nous assigne à Debibagh, à trois kilomètres de Fez. Tous les officiers de Fez sont émerveillés de cette marche et le général Moinier vint en personne le lendemain matin m'adresser ses félicitations. On ne nous attendait que dans la nuit, et encore assez tardivement. Quelle bonne troupe que ces braves tirailleurs du 6ᵉ bataillon du 3ᵉ régiment !

Imaginez-vous quelle somme d'endurance, de fatigues et d'anxiété, de leur part, représentait cette randonnée intensive, sous un soleil de plomb, en pleine brousse, sur des chemins de sable, où les voitures soulevaient des nuages de poussières brûlantes, qui piquaient la gorge et les yeux comme autant de pointes d'aiguilles rougies au feu, et où chaque repli de terrain pouvait masquer une embûche ennemie ? Je m'attendais toujours à voir surgir des groupes marocains à travers lesquels il faudrait nous ouvrir passage. Il n'en a rien été, et j'attribue cela à notre marche rapide et inusitée. Les Marocains n'ont pu arriver à temps. Nous avions marché, sans débrider, depuis Rabat-Salé, c'est-à-dire depuis le 23 mai, et celui d'entre nous qui avait le plus dormi avait dormi une couple d'heures. Tout semblait calme aux alentours. Un seul moment d'alerte, vers 11 heures du soir, où nous avons été réveillés par des coups de canon et un bruit de fusillade venu des fortins de Fez (à 3 kilomètres et demi). Je me suis levé, ce qui était d'autant moins compliqué que je couchais tout habillé. Ce n'était qu'une fausse alerte. La révolte était brisée.

Georges Dresch, qui s'était illustré au Maroc comme chef de bataillon, devait également s'illustrer au front, lors de la dernière guerre, comme colonel, à la tête du 366e régiment d'infanterie, puisqu'il lui a valu la fourragère aux couleurs de la croix de guerre et la citation suivante, à l'ordre de la IVe armée (8 août 1918) :

« Magnifique régiment qui s'est déjà fait remarquer au cours de la bataille de la Somme ; a lutté pendant plusieurs semaines difficiles, à la côte 304 à Verdun ; en fin de bataille, au Cornillet et au Mont Blond, a tenu dans des conditions particulièrement périlleuses et commencé, pendant trois semaines sous des bombardements violents, en repoussant toutes les attaques ennemies, l'organisation actuelle du secteur de Cornillet. Depuis plus de huit mois, s'est fait remarquer dans divers secteurs de Champagne par sa ténacité, en repoussant de nombreuses attaques ennemies et par ses coups de main. A notamment réussi récemment un coup de main particulièrement audacieux, rapportant les renseignements les plus précieux pour le commandement, permettant ainsi de déterminer l'heure exacte de l'attaque allemande. Au cours de la dernière bataille, a donné un bel exemple de sacrifice. Des éléments laissés dans les avancées de la position de résistance ont tenu, environnés de toutes parts, pendant une journée, refusant de se rendre et ne rentrant dans nos lignes qu'après en avoir reçu l'ordre, se frayant un passage au milieu des assaillants et ramenant des prisonniers. Sous les ordres du *Colonel Dresch* qui a su communiquer à son Régiment l'esprit du devoir et l'élan qui l'animent, le 366ᵉ Régiment d'Infanterie a pleinement rempli la mission qu'il avait reçue, disloquant toutes les attaques ennemies et conservant intacte sa ligne de résistance ».

Georges Dresch, lui-même, avait été l'objet d'une citation personnelle, à l'ordre de l'armée, à la suite de ce brillant coup de main, qui lui avait permis de surprendre les projets de l'ennemi et d'en donner alerte à l'armée de Champagne.

« *L'importance de ce renseignement, disait la citation, fut extrême et l'un des principaux facteurs de l'échec de la dernière tentative de ruée allemande* ».

Et me voilà bien forcé de concéder, à mon tour, à cet excellent ami Georges, que si tout, ici-bas, n'est qu'une affaire de chance, il est des gens du moins qui, comme lui, savent s'en rendre dignes et se la mériter.

XXIV

MES ADIEUX A LA POLICE MUNICIPALE

Les fonctions d'officier de paix, aujourd'hui supprimées et si souvent modifiées depuis leur création
(1802) se réduisaient, de mon temps, à celles de sergent de ville : assurer la police du trottoir. L'officier
de paix était un sergent de ville galonné, et pas autre
chose. Sans doute, il ne lui était pas défendu de faire
montre d'intelligence dans le maniement des foules,
et de déployer un génie de stratège, les jours de manifestations, mais son métier, qui l'obligeait, par tous
les temps, à faire les cent pas sur la voie publique et
à se tenir debout, à toute heure de jour et de nuit,
pour répondre à la moindre alerte, constituait surtout
une épreuve d'endurance physique. L'officier de paix
avait cessé d'être ce qu'il avait été, sous la Restaura-
tion et sous l'Empire, un agent politique. Il devait
faire plus souvent appel à la vigueur de ses jarrets
qu'à celle de son jugement. C'était la marche forcée,
l'émulation du sport. Pour être sûre qu'il ne fût pas
tenté d'abuser de la liberté qu'aurait pu lui laisser,
dans l'arrondissement, sa situation de chef de service,
l'Administration exerçait sur lui un contrôle rigoureux. Elle lui avait imposé un tableau de service abusi-

vement chargé, qui découpait sa journée par tranches si menues, qu'il s'en trouvait, pour ainsi dire, mis en bouteille. Il n'était plus entre ses mains qu'une sorte de ressort mécanique qu'elle manœuvrait et réglait à volonté. Le matin, à la première heure, c'était la tournée dans les commissariats, puis le rapport à la Préfecture ou au siège de la division, souvent fort éloigné. L'après-midi, c'était l'inspection des postes, les conférences aux gardiens de la paix, l'heure d'audience au public, l'heure de la *harre*, c'est-à-dire du conseil de discipline. Quatre fois par jour, à heures fixes, l'officier de paix devait se trouver présent au poste central, pour y signer un état de situation qu'il expédiait par courrier à la Préfecture, tout cela sans préjudice des rondes de nuit, de son tour de garde à la caserne de la Cité, des commissions spéciales dont il faisait partie de droit (cochers, étalages, etc...) et de tous les dérangements que lui occasionnait la vie de la rue : cortèges, cavalcades, meetings, incendies, cérémonies publiques ou privées susceptibles de provoquer l'affluence. Ajoutez-y, en ce qui me concernait, les services supplémentaires du VIIe arrondissement, déjà énumérés, et vous conviendrez que si je me trouvais comblé, ce n'était pas d'un excès de loisirs. Cette agitation extérieure, cette activité toute machinale, ce jeu de tourniquet, cette vie en plein vent, me convenait peu. Je m'y sentais trop dispersé. J'étais excédé de ces incessantes allées et venues, de ces piétinements prolongés, les jours de fête (*Toussaint, Mardi-Gras, Mi-Carême...*) au milieu de la cohue et, pour ce qui est des lauriers que j'y pouvais cueillir, aux jours troublés, dans la répression de l'émeute, ils n'étaient pas de ceux qui réjouissent et dont le front se pare avec fierté.

Mon tour approchait de ceindre l'écharpe tricolore, mais il me fallait en faire la déclaration à mes chefs, car à cette époque, on pouvait terminer sa carrière dans le grade d'officier de paix, plus avantageusement encore que dans les commissariats (1).

Quand je fis part de ma détermination à mon divisionnaire, il en parut surpris.

— Eh quoi ? me dit-il, l'Exposition va s'ouvrir chez vous. Allez-vous laisser échapper une telle occasion d'honneurs et de profits. Songez un peu à ce que vous laisseriez perdre : la haute main sur ce musée mondial... la haute main sur ces merveilles de l'Art et de l'Industrie, qui sont bien pour piquer la

(1) Il y avait notamment, un service très recherché, celui des voitures et des courses, qu'occupa longtemps cet excellent ami Descaves, qui m'avait inspiré un jour le sonnet suivant :

On recevait je ne sais plus quel Empereur,
Et toute la police était mobilisée,
La foule applaudissait de croisée en croisée,
Le cuivre et les tambours sonnaient avec fureur.

Le cortège avançait dans les Champs Elysées,
Sous les arcs triomphaux ornés des trois couleurs ;
Et c'était, de vivats, de lumière et de fleurs,
Un vrai feu d'artifice aux cent mille fusées.

Au milieu du rond-point déblayé, rutilait
Un officier brodé, dardant un chapelet
De croix et ce ruban qui n'appartient qu'aux braves,

Une élégante, avec un secret tremblement,
Soupire à sa voisine « Ah ! comme il est charmant ! »
Et l'autre lui répond : « Tu parles ! C'est Descaves ! »

curiosité d'un homme de votre sorte... les distractions cosmopolites... les services payés... les décorations étrangères... le ruban rouge !

Mais ni la richesse ni les honneurs n'étaient de nature à me requérir au prix du sacrifice de mes humeurs.

— Sans doute, répondis-je, il me serait agréable de pouvoir vivre, six mois, au milieu de cette foire exotique. C'eût été une façon de m'instruire, et ma rêverie y aurait voyagé, mais il me faudrait attendre encore plus d'un an l'ouverture de l'Exposition et j'étouffe sous la tunique d'officier de paix. Je suis las de considérer les murs. Au moins, comme commissaire de police, il me sera permis d'étudier ce qui se passe derrière.

— Patientez, alors, jusqu'à ce qu'il se présente un commissariat avantageux. Il n'est question présentement que d'une vacance prochaine au quartier Saint-Lambert. Ce n'est pas bien engageant.

— Soit ! je réfléchirai.

J'avais dit « je réfléchirai » parce que ce quartier Saint-Lambert, bien que je fusse parisien de Paris, m'était aussi inconnu que la Mingrélie ou le Kamtchatka. Je n'avais, de ce côté de la rive gauche, jamais mis les pieds plus loin que la mairie du XVe, où se tenait le rapport de la division. Or, la mairie du XVe en formait la limite, et le quartier Saint-Lambert s'étendait au delà. Je partis à sa découverte, un beau matin. Qu'on ne se figure point qu'il avait sa physionomie d'aujourd'hui. Sous la baguette magique d'un conseiller municipal tout-puissant, M. Adolphe

Chérioux, une métamorphose complète s'y est opérée. Les voies se sont élargies : des squares, des monuments, des palais à sept étages y ont poussé comme par enchantement. Des lignes d'autobus et de tramways le sillonnent en tous sens. C'est devenu presqu'un centre, plein de vie et de mouvement, une petite capitale. Ce n'était alors qu'un quartier déshérité, un tronçon de banlieue, un reste de l'ancien village de Vaugirard avec, par endroits, des cours de ferme, des toits de chaume, des tas de fumier et des poules dans les rues, mais il y avait, aussi, des petits coins d'aspect provincial, la place de l'Eglise avec son promenoir d'arbres, des auberges avec des enseignes désuètes : *Au Soleil d'or*, *Au Chariot d'or*, *Au Mouton blanc*, et des inscriptions du vieux temps : *Ici on loge à pied et à cheval* ; des cafés à l'ancienne mode, comme il s'en trouve encore dans les sous-préfectures arriérées, le *Café du Sapeur*, le *Café de l'Univers*, le *Café du Progrès* avec ses vieux trumeaux Louis-Philippe, ses banquettes de moleskine rouge, tout un décor fripé, évoquant l'époque de Corinne et les beaux jours de l'Abbaye-au-Bois ; ce qui était bien fait pour séduire un poète. Il y avait, surtout, çà et là, derrière leur grille, des petits pavillons proprets entourés d'un jardin. Mon rêve ! que je me flattais, à tort, de pouvoir réaliser sur le champ.

Je me voyais déjà installé au frais de leurs ombrages, me promenant, un livre à la main, sur le sable des allées, et, dans sa fièvre pastorale, mon imagination annexait au quartier le bois de Clamart. Que dis-je ?

Elle empiétait jusque sur les collines de Meudon qui se profilaient à l'horizon. Des noms de rues — si suggestifs ! — chantaient dans ma tête ; rues *Mademoiselle*, de la *Procession*, du *Hameau*, du *Clos-Feuquières*, de *Nice-la-Frontière*, de l'*Harmonie*, de la *Sablonnière*, impasse de l'*Astrolabe*, impasse des *Charmilles*, passage des *Favorites*. Des noms de poètes et d'écrivains se lisaient à l'angle des murs : Alain Chartier, François Villon, Saint-Amand, Quinault, Marmontel, Vaugelas..... Il ferait bon vivre à leur ombre.

Ma résolution fut prise. Je demandai le quartier Saint-Lambert et comme il constituait une prébende peu convoitée, il me fut, en l'absence de concurrents, accordé séance tenante.

La veille de mon départ de la rue de Grenelle, je passai l'après-midi à classer les archives de mon bureau et les dossiers en cours, afin de pouvoir les transmettre en ordre à mon successeur M. Kontzler, lequel m'avait déjà succédé comme officier de paix au XIXᵉ arrondissement, et je m'en réjouissais, car c'était un garçon sérieux et un ami serviable, dont j'avais reçu des témoignages d'obligeance et de courtoisie. Sur ma table s'étalaient les rapports de discipline de la veille et du matin, auxquels il me restait à donner une sanction. C'était la corvée qui m'agréait le moins. Je n'aimais pas punir et encore moins signaler les délinquants à l'Administration, parce qu'elle faisait montre d'une sévérité impitoyable. Je n'entendais parler que de mises à pied, retenues de traitement, révocations. Il fallait bien m'y résigner, cependant, pour l'exemple et le maintien de la discipline, mais sauf dans les cas graves, je m'en tenais à la réprimande, à la privation d'un tour de permission ou de permanence. J'étais donc heureux d'être délivré à l'avenir de ce rôle de père-fouettard. Je pris connaissance, pour la dernière fois, de ces rapports. Ce n'étaient que vétilles. On m'y signalait qu'un gardien s'était arrêté pour s'entretenir avec un commerçant, qu'un autre avait déplié un journal ou mangé un croissant sur la voie publique. Celui-ci s'était présenté cinq minutes en retard à l'appel ; celui-là, sans gants (et c'était un dimanche !), un troisième avait tourné la tête sur les rangs, au lieu d'écouter attentivement la lecture du livre d'ordres.

J'inscrivis, sur tous ces rapports, comme d'habitude, une annotation au crayon bleu, et les remis au secrétaire chargé d'y donner suite en y ajoutant, pour correctif, un papier, sur lequel j'avais écrit de ma plus belle écriture :

Par décision de Monsieur l'officier de paix, en date de ce jour, toutes les punitions sont levées.

Et je remontai chez moi, le cœur léger. C'est que j'avais appris à estimer ces agents qui, pour un gain de famine, exposaient leur vie chaque jour, et se dévouaient au bien public, sans que l'opinion leur en sût gré. Au VIIe surtout, arrondissement d'élite, la majorité se composait de braves gens. J'ai été témoin, de leur part, de tant d'actes d'abnégation et de dévouement, que j'en oublie les petites défaillances et les brutalités dont il m'est arrivé, à moi-même, d'être victime, quelquefois.

C'est pourquoi, quelques mois plus tard, alors que dans mon commissariat de la rue Blomet, il m'était tombé sous les yeux le compte-rendu d'une séance du conseil municipal, où le citoyen Labusquière s'était emporté contre eux en accusations injustes, ma plume se mit à courir d'elle-même sur mon sous-main, et y traça cette ballade, mi-amusée et mi-émue, qui peut passer, en quelque sorte, pour mon testament d'officier de paix :

BALLADE EN L'HONNEUR DES GARDIENS DE LA PAIX.

Que Labusquière, édile impétueux,
Aime en séance à leur jeter la pierre ;
Que Rochefort épuise encor sur eux
Les traits de sa malice coutumière ;
Qu'à les noircir Faure Sébastien (1),
Use son encre en fiel quotidien ;
Rions ! D'avance, ils ont perdu leur cause !
Moi, je m'écrie, en invoquant Loubet,
L'heure a sonné de leur apothéose :
Honneur et gloire aux gardiens de la paix !

Ce ne sont point les mouchards tortueux
Amis de l'ombre et suppôts du mystère,
Leur qualité s'annonce à tous les yeux,
Et leur travail s'opère à la lumière.
C'est l'ornement des quais parisiens,
Sous l'uniforme ils ont un fier maintien,
Si que, du coup, plus d'Une entre en hypnose.
Ils font glisser la roue avec succès,
Et leur bâton jamais ne se repose :
Honneur et gloire aux gardiens de la paix !

(1) Célèbre agitateur anarchiste du temps.

Pour la tranquillité des vieux messieurs,
Ils ont à l'œil les bouges de barrière,
Plus d'un *pacha* costaud, plus d'un *joyeux*
Porte leur botte imprimée au derrière.
Leur poing solide et redouté, soutien
De l'honnête homme et du bon citoyen,
Aux noirs complots de la Pègre s'oppose ;
Quand vient la nuit, ils tendent leurs filets,
A la marée, autour des maisons closes.
Honneur et gloire aux gardiens de la paix !

Bourgeois ! tandis que vous fermez les yeux,
Ils font la garde à vos portes cochères,
Parfois on en rencontre, à l'Hôtel-Dieu,
D'ensanglantés, qu'on apporte en civière :
Dans l'incendie, ils vont sans craindre rien.
Aux fous errants, aux voitures, aux chiens,
Aux coups de feu, le métier les expose.
Quand on les tue, à l'ombre des cyprès,
A Montparnasse, on les enterre en prose.
Honneur et gloire aux gardiens de la paix !

ENVOI.

Princes, féaux de notre aimé Préfet,
Touny, Mouquin, au crâne orné de roses (1),
Témoignez comme, au monde satisfait,
Leur héroïsme éclate en mille choses.
Honneur et gloire aux gardiens de la paix !

On voit, par ce nom de Loubet, tombé de ma
plume, que Félix Faure n'était plus. Il était mort

(1) M. Mouquin, à ce moment sous-chef de la Police municipale, sous les ordres de M. Touny, étalait depuis l'âge
d'homme, un splendide crâne d'ivoire uni, dévasté par une cal-
vitie précoce.

(16 février 1899) de la même façon qu'un prince de sang royal, un prince de la maison de France, Philippe II d'Orléans, dit le Régent, subitement écroulé aux pieds de Mme de Falaris, ceci dit, afin de couper court aux commentaires malveillants des adversaires du régime républicain, si occupés à compter nos pailles qu'ils en oublient leurs poutres, et, pour en terminer avec tout ce qui concerne Félix Faure, de près ou de loin, qu'il me soit permis, dans ce volume que je voulais clore avec ma carrière d'officier de paix, d'empiéter sur les événements et de vous conter une tragique histoire, où Félix Faure ne fut heureusement pour rien, mais où son nom fut murmuré, comme le fut le nom de Louis XIV, lors de l'*Affaire des poisons*, à propos des messes noires et des agissements criminels de Mme de Montespan.

XXV

LE MÉNAGE STEINHEIL

Depuis que mes bureaux avaient été installés boulevard Garibaldi (1904), il m'arrivait fréquemment lorsque je les quittais, le soir, à cinq heures, de croiser sur ma route un personnage assez singulier. Une vague ressemblance avec Marcel Schwob (le Marcel Schwob des derniers jours), l'avait désigné à mon attention. C'était la même taille moyenne, la même silhouette ronde et frêle, le même teint mat, la même moustache courte, le même front morne et désabusé. Je me demandais quel motif pouvait bien pousser ce Monsieur marié, puisqu'il portait une alliance, et chez qui tout dénotait, avec l'insigne de la Légion d'honneur à la boutonnière du veston, une situation privilégiée, à traînasser dans ce quartier de masures crayeuses et de terrains nus, en pleine évolution, et que la construction du *métro* transformait en chantier, noyé de boue ou de poussières, suivant les jours. Sa décoration écartait l'hypothèse d'un vulgaire désœuvré, et je m'ingéniais à découvrir la nature de ses occupations. Pas un officier, sûrement, ni un industriel, ni un chef d'entreprises. Il eût glissé, dans la rue, d'un pied mieux affermi. Pas un fonctionnaire. Il se fût inquiété de mon regard inquisiteur. Son air méditatif semblait dénoncer un intellectuel, mais je me refusais à voir en lui un homme de lettres. Avec ce ruban, qui consacre une situation, je l'aurais connu ou deviné. Un artiste ? Peut-être. Mais ses mains étaient trop fines et trop blanches pour être celles d'un sculpteur, et sa correction bourgeoise, comme son regard absent, cadrait mal avec l'idée que l'on pouvait se faire d'un peintre, sauf d'un peintre amateur, d'un peintre de salon. Et j'imaginais, à ses allures de promeneur fantôme, un homme chassé de chez lui par quelque ennui secret, et demandant à l'agitation de la marche, sans y réussir, une diversion à sa mélancolie.

A la même époque, un Italien, Blaise Autenzio, venait d'ouvrir, rue de Vaugirard, une petite boutique de fruiterie, où il écoulait les produits de son pays. Je le connaissais, puisqu'il était mon administré et qu'il m'avait été recommandé, à la fois par son parent, César Vitti, qui dirigeait, à Montparnasse, une *Académie* de peinture, et par son compatriote, le sculpteur Madrassi, avec qui j'entretenais de cordiales relations. D'ailleurs Autenzio se recommandait de lui-même par son air ouvert, son geste franc, son activité laborieuse et ses vertus domestiques.

Comme la plupart de ses nationaux, il était venu jadis, à Paris, sans autre ambition que celle d'y amasser un petit pécule, qui lui permît de retourner finir ses jours en paix dans son village. Il avait d'abord

exercé la profession de modèle, et, bien qu'il fût
chargé de famille, avait réussi à force d'ordre et d'é-
conomies, à subvenir aux frais de sa modeste installation. Je m'arrêtais, parfois, à l'écouter narrer ses
souvenirs d'ateliers. Il était plein d'anecdotes sur
Falguière et sur Detaille, dont il avait été le modèle
préféré, à cause de sa mâle stature et de son profil
militaire. Il approchait de la cinquantaine. Il ne
posait plus, sauf pour deux ou trois artistes de renom
qui l'en priaient, et par simple obligeance. Sa femme
et sa fille aînée, toutes deux pourvues de sérieuses
qualités ménagères, l'aidaient dans son commerce,
en voie de prospérité. Elles savaient en disposer,
avec goût, l'éventaire chargé de fiasques de *chianti*,
de salaisons variées, de pâtes blondes, de piments
pourpre et de fruits dorés.

Certain après-midi d'avril, je m'étais arrêté devant
l'étalage, renouvelé et enrubanné en vue des fêtes de
Pâques, plus pimpant encore que de coutume, amusé
par les reflets chatoyants qu'y allumaient les feux d'un
soleil printanier, et tandis que j'en contemplais les
multiples floraisons, j'aperçus, derrière la vitre, la
silhouette de mon inconnu du boulevard Garibaldi.
Il semblait là chez lui. Il était seul au milieu de la
boutique, dans une pose méditative, les yeux fichés
en terre, assis sur un sac de haricots. J'allais donc
enfin percer son mystère. Je n'aurais qu'à interroger
Blaise à la première rencontre, et j'allais reprendre
ma route, quand, précisément, Blaise, jailli du fond
de l'arrière-boutique, où il se dissimulait avec les
siens, se dressa d'un bond sur le seuil, pour me souhai-

ter la bienvenue. Et toute la famille, après lui, la femme, la fille, le fils, le beau-frère, la belle-sœur, vinrent me festoyer suivant leur coutume, avec une exubérance toute méridionale : « Entrez donc, Monsieur le Commissaire. Vous allez trouver quelqu'un de connaissance ! » J'interrogeai des yeux l'intérieur de la boutique, où je ne voyais que mon inconnu. Remarquant mon embarras, Blaise s'exclama : « Comment vous ne connaissez pas M. Steinheil, vous qui aimez tant la peinture ? »

En toute autre circonstance, cette façon d'identifier M. Steinheil avec la peinture, n'eut pas manqué de m'amener à d'égayantes réflexions mais, en ce moment, ma seule préoccupation était d'amorcer une liaison qui piquait fort ma curiosité et que je flairais riche de révélations.

Non ! je ne connaissais pas M. Steinheil, mais j'avais les oreilles rabattues du bruit de son ménage. On jasait fort sur le compte de la femme. On lui prêtait mille aventures et l'on se chuchotait même qu'elle avait été l'amie de Félix Faure et qu'elle avait joué dans sa vie un rôle tragique.

La soudaineté de la mort du Président avait ému l'opinion. Drumont y voulait voir la main des juifs. Il soupçonnait les amis de Dreyfus de l'avoir empoisonné, par représailles. En réalité, Félix Faure était mort, frappé d'apoplexie, mais c'est une femme qui avait recueilli son dernier soupir. Le secret avait été bien gardé. A la longue, quelque chose en avait transpiré, sans que l'identité de la femme eût été dévoilée. Une vague similitude de nom, des demi-confidences avaient fait croire à certains qu'il s'agissait de l'une de nos plus jolies actrices, Mlle C...e S...l. Un journaliste indiscret n'avait pas hésité à imprimer son nom en toutes lettres. Ce n'était qu'une calomnie à laquelle le public mordit d'autant plus facilement que l'éminente comédienne avait la réputation d'être un « morceau de roi ». Il semblait donc tout naturel qu'elle se fût mérité les hommages du Prince, mais on savait, à Vaugirard, que l'héroïne de ce drame intime n'était autre que Mme Steinheil.

Si délicat que soit ce détail à rapporter, je m'y résigne, puisqu'il s'agit d'un fait historique, tombé dans le domaine public, et je n'entends nullement jeter par là la moindre déconsidération sur la mémoire de Félix Faure ni sur les institutions républicaines. Je laisse à d'autres le soin de jouer la comédie de l'indignation. Je ne vois pas pourquoi les Français d'aujourd'hui se montreraient plus chatouilleux sur le chapitre des mœurs que leurs pères, et pourquoi ils feraient grief à un chef d'état de nos jours de cette réputation de vert-galant, qui aida tant à la popularité de Henri IV. Du moins, la supériorité du régime actuel éclate en ceci : que Félix Faure, s'il avait rétabli le cérémonial des cours et repris les traditions galantes fort en honneur chez nos anciens rois, n'a pas songé un seul instant à exiler M. Steinheil, comme n'eût pas manqué de le faire un monarque ancien style, ni à jeter dans les fers des modernes bastilles les chroniqueurs coupables de faire allusion à ses comportements, lesquels, d'ailleurs, n'étaient que babioles et jeux d'enfant, auprès des comportements de Louis XV ou même de son aïeul, le roi-Soleil. Sans doute, Montesquieu soutient que la vertu est la base des institutions républicaines, mais il s'agit de s'entendre sur la signification du mot *vertu* et, après tout, si Félix Faure est répréhensible, je laisse le soin à ceux qui n'ont jamais péché de lui jeter la première pierre. C'était donc moins son rôle qui m'inquiétait dans cette affaire que celui de M. Steinheil, que des mauvaises langues m'avaient dépeint comme un mari complaisant, comme une sorte de baron Marneffe, battant monnaie de son déshonneur. M. Steinheil avait joui largement de l'amitié du Président, qui achetait et faisait vendre ses tableaux au prix fort. L'un d'eux avait été acquis par l'Etat pour la somme, assez rondelette à l'époque, de 30.000 fr. Le peintre ne soupçonnait-il pas que cette bienveillance provenait d'une autre source que d'une simple admiration pour son talent ? Et qu'était-ce que cette Mme Steinheil, petite bourgeoise, déjà sur le retour, cette mère de famille, qui avait su atteler à son char un homme aussi entiché de luste et de clinquant que le mégalomane Président ? Voilà les points qu'il m'importait d'élucider.

Je serrai donc la main du peintre avec une satisfaction non dissimulée, à laquelle il me parut correspondre. Toute la famille Autenzio saluait d'heureux transports cette prise de contact, et l'agitation sonore de ces braves gens faisait mieux ressortir la réserve distinguée du peintre et me rendait plus cher son menu filet de voix, au timbre pur.

J'avais compris, à quelques mots, qu'il était l'un

des artistes de renom pour qui Blaise consentait encore à poser de temps en temps. Il y avait là l'une de ces liaisons, si fréquentes d'artiste à modèle, où la déférence d'un côté et la bienveillance de l'autre, se fondent dans une cordiale intimité. Et, comme s'il tenait à justifier sa présence dans cette échoppe rustique, M. Steinheil me dit : « Je venais prier Blaise de me donner un coup de main pour ranger mon atelier, car j'organise, après-demain, l'exposition du tableau que je destine au prochain *Salon* et j'y convie mes amis. J'espère que vous me ferez l'honneur d'y assister. » Ce disant, il tirait de son portefeuille une carte d'invitation, une sorte de circulaire imprimée, qu'il me remit. J'ai peu de goût pour ces sortes de manifestations mondaines, et comme j'essayais de me défiler poliment, en alléguant mon peu de liberté, le peintre insista : « Je serais si heureux d'avoir votre opinion ! J'ai lu de vous des compte-rendus de *Salons* qui témoignent d'un goût sûr et de connaissances techniques du métier (Je m'étais, en effet, improvisé critique d'art dans un journal local sur les instances de son directeur, mon ami Décembre-Alonnier).

— Mais, au fait, ajouta M. Steinheil, pris d'une inspiration subite, puisque je vous tiens et que vous êtes libre, faites-moi donc la grâce de venir jusqu'à la maison. Il n'y que la rue à traverser, ce sera l'affaire de cinq minutes.

— J'accepte, répondis-je, mais à cette condition.

Et nous sortîmes. Le pavillon des Steinheil était une sorte de châlet à deux étages, d'extérieur assez vulgaire. Je constatai qu'il ruisselait, à l'intérieur, d'un luxe impressionnant. Mon hôte, qui, sans déranger personne, m'avait introduit par une porte latérale, dont il possédait la clef, me fit traverser une longue salle à manger, tendue de tapisseries, meublée de hauts dressoirs renaissance, dont la note sombre rehaussait l'éclat d'une vaisselle d'argenterie disposée à profusion. L'extrémité de la pièce s'ouvrait sur la cage d'un escalier que nous gravîmes et qui menait à son atelier. Ici, changement de décor. Rien de plus nu que cet atelier. Je crus devoir en induire la différence de caractère des deux époux. En bas, c'était le domaine de Mme Steinheil, orné et paré à son goût. Ici, le labeur et la méditation avaient installé leur asile. M. Steinheil me montra le tableau qu'il destinait au *Salon* et qui ne différait guère de ceux qui l'entouraient, conçus dans la formule de Meissonnier, dont il était l'élève et le parent, d'une facture patiente et appliquée. Scrupule, loyauté, conscience en étaient les caractères dominants. Partout, des scènes militaires, des épisodes de la vie des camps, d'hier ou d'aujourd'hui, qui n'excédaient guère, pour la plupart, la surface d'une ardoise, des études en désordre, des esquisses jetées au hasard où l'image de Blaise revenait, et celle de Salvator, parent de Blaise, autre brave homme à la moustache grisonnante (c'étaient ses seuls modèles et qui ne posaient qu'en costume), travestis, tour à tour, en reîtres, en lansquenets, en grenadiers ou en modernes chasseurs alpins. Pas une seule étude de nu. Quelques portraits de femmes, mais rien de la sensualité que l'on respire en ces sortes d'endroits. Tout y était imprégné de je ne sais quelle sécheresse puritaine, qui laissait douter des ressources de l'artiste en caprice et en fantaisie, mais qui témoignait en faveur de l'homme et de l'austérité de ses mœurs.

L'examen terminé, je me disposais à prendre congé de mon hôte, lorsqu'il m'offrit de me présenter à Mme Steinheil. J'acquiesçai, imprudemment, ne sachant pas que c'était son jour de réception. Nous revînmes sur nos pas, pour gagner par un léger détour le vestibule de la villa, où se tenait, en sentinelle, un valet de chambre de grand style, et, sitôt la porte du salon ouverte, je fus assourdi d'un bruit de volière, d'un jacassement d'oiseaux des îles. C'étaient les amies de Mme Steinheil qui, disséminées dans la pièce, l'emplissaient d'un vacarme rieur.

Le peintre me conduisit droit à sa femme, qui trônait, assise au milieu d'un groupe de visiteuses empressées, comme une souveraine au milieu de sa cour. Mince, élancée, vêtue d'une élégante robe de soie noire, Mme Steinheil avait grand air, et je ne sais si c'est cet air rayonnant ou l'ampleur de sa jupe à volants, comme on les portait alors, bouillonnant autour d'elle en faux air de crinoline, qui me fit songer — si inattendu ou si bouffon que puisse paraître ce rapprochement — au tableau que Winterhalter a dressé de l'impératrice Eugénie, entourée de ses dames d'honneur. A peine son mari lui eût-il décliné mon nom et ma qualité, que Mme Steinheil s'empara de moi avec ces effusions de politesse qui sont l'apanage des gens du monde et qui, pour être de la fausse monnaie, n'en ont pas moins leur prix. Son mari l'avait prévenue que je n'avais à disposer que d'un bref espace de temps. « C'est dommage, fit-elle, ce n'est encore que l'heure des dames. Ces messieurs, retenus par leur bureau ou leurs affaires, ne viennent que plus tard. Vous vous seriez trouvé en bonne compagnie. » Puis elle me parla du ministre de la Justice, du procureur général, de juges d'instruction, de plusieurs hauts dignitaires qui fréquentaient chez elle. Elle me jetait leurs noms dans le dessein évident de m'allécher et de me retenir, sans se douter qu'ils opéraient en moi de façon contraire et me donnaient une furieuse envie de déguerpir, non que je me sentisse la moindre antipathie pour ces personnages, dignes de considération et d'estime, mais parce que je n'avais rien à leur dire en dehors du service et que je me fûsse, en leur présence, senti trop intimidé. Mme Steinheil, parlait, parlait. Les paroles sortaient de sa bouche comme la foule du *métro*.

Je profitai du moment où elle reprenait haleine pour me lever. Mme Steinheil, changeant brusquement de ton, me dit : « J'ai un service à vous demander. Figurez-vous qu'il y a huit jours j'ai oublié, à l'*Opéra*, mon éventail dans la loge de la vicomtesse de T... C'est un éventail de toute beauté, auquel je tiens d'autant plus, qu'en dehors de sa valeur artistique considérable, il s'y rattache des souvenirs historiques et de famille, puisqu'il avait appartenu à la princesse de Lamballe, et mon aïeule le tenait des mains de la duchesse de...... dont elle était l'amie. J'ai adressé à la direction de l'*Opéra* une réclamation restée sans réponse. La perte de cet éventail me serait un désastre. Il est d'ivoire finement ouvragé et la peinture, une scène pastorale, est de Lancret. »

Afin de mieux me traduire le fini du travail de l'objet et la joliesse du dessin, Mme Steinheil cherchait des mots irisés, chatoyants, esquissait des gestes graciles et déliés et, grisée de sa propre évocation, se renversa un moment pâmée, les yeux mi-clos, comme une gourmande, qui, tenant un bonbon dans sa bouche, l'y laisserait fondre pour en mieux goûter les délices.

Et, subitement redressée, m'enveloppant du regard, elle me saisit les mains d'une étreinte vigoureuse : « Ah ! Monsieur le Commissaire, promettez-moi de faire toute diligence pour m'aider à retrouver cette précieuse relique ». Et je le lui promis.

J'étais sorti de chez Mme Steinheil un peu étourdi de son verbiage et de son étalage de relations, la tête pleine de noms ronflants qui, mêlés à ceux de Lancret, de la princesse de Lamballe et de la duchesse... y dansaient une sarabande effrénée. J'en étais sorti, perplexe, agité d'impressions contradictoires, impuissant à les coordonner et à me faire une opinion, tant la mobilité de son visage m'avait empêché d'en saisir la véritable expression.

Fidèle à ma parole, j'allai, dès le lendemain, trouver mon ami Pourlier qui, en sa qualité de chef de division à la Préfecture de police, y disposait d'une grande influence, et auquel j'avais toujours recours dans les cas officieux. C'était un homme affable, distingué, ami des lettres, curieux des pratiques du monde et qui, fort de sa situation et de son entregent, employait, à s'y répandre, ses loisirs de célibataire endurci. Il ne pouvait manquer de fréquenter le salon de Mme Steinheil où il lui était permis de coudoyer quelques notabilités du jour. Car il était vrai que Mme Steinheil réunissait chez elle l'élite de la Magistrature et du Parlement.

Je lui avais à peine exposé le but de ma visite que je le vis sourire. « Je connais l'histoire, me dit-il, Mme Steinheil, chez qui j'ai dîné, l'autre soir, m'en a parlé. J'y ai cru un moment et j'ai mis en campagne le service de sûreté, inutilement, du reste. Je m'étonnais déjà de n'avoir jamais vu cet éventail entre les mains de Mme Steinheil, mais, aux signalements variés qu'elle en a donnés, depuis, à différentes personnes, je la soupçonne fort d'avoir voulu nous mystifier.

— Mais dans quel but ?

— Sait-on jamais avec elle ? Peut-être s'y cache-t-il une intention secrète, l'occasion de crier sur les toits qu'elle a partagé, à l'*Opéra*, la loge de la vicomtesse de T***, encore que cette dernière allégation soit aussi sujette que l'autre à caution. Peut-être rien. Il y a des gens qui mentent pour le seul plaisir de mentir, par une sorte d'impulsion morbide. C'est un cas pathologique bien connu des psychiâtres.

L'expérience allait bientôt me démontrer le bien fondé de l'hypothèse de M. Pourlier et sa perspicacité. Je vins rendre compte à Mme Steinheil de l'inanité des recherches. Elle parut désolée et me reparla de cet éventail, sans prendre garde qu'elle me donnait de la peinture une sensible variante. Et ce ne devait pas être le dernier de mes étonnements.

Autenzio était mieux que personne au courant des affaires du ménage Steinheil. Un fond de délicatesse innée l'engageait à la discrétion sur le compte de la femme, mais, n'ayant rien à cacher sur le compte du mari, il m'en parlait d'abondance : « Lui, s'était-il écrié dès le premier jour, c'est le plus digne homme que la terre ait jamais porté. Il adore sa femme, qui le mène par le bout du nez et qui lui ferait prendre des vessies pour des lanternes. Il la croit sage et ne s'est jamais douté de rien. »

J'allais me former moi-même cette opinion de M. Steinheil au cours de nos entretiens, car je l'abordais maintenant à chaque rencontre, et lui faisais un pas de conduite dans ses promenades sur le boulevard Garibaldi. Rien de coupable ne pouvait germer chez cet être de mœurs réglées et pures, crédule et confiant, austère jusqu'à la candeur. Son seul aspect désarmait la calomnie. Oui, il adorait sa femme, puisqu'il ne m'en parlait jamais qu'avec une inflexion de tendresse dans la voix, et il avait, en elle, une confiance aveugle, puisqu'il alla jusqu'à me répondre, un soir où je lui demandais de ses nouvelles : « Elle est actuellement en province auprès d'une tante âgée et malade, qu'elle soigne avec dévouement, jour et nuit. » Or, j'étais assez renseigné, par les ragots du quartier, pour supposer que cette tante était une créature jeune et vigoureuse, portant culotte et moustaches. Si M. Steinheil avait eu le moindre doute sur la nature des relations de Félix Faure avec sa femme, il ne m'aurait pas entamé spontanément le récit de leur première rencontre dans une auberge de Savoie, où il était allé peindre des paysages, tandis que Félix Faure s'en revenait de passer une revue de chasseurs alpins. Il ne m'aurait pas exprimé avec une conviction si profonde, ses regrets de la mort du Président, qui avait été pour lui « un ami loyal et un protecteur dévoué ». Ce n'était donc pas de ses infortunes conjugales que lui venait ce front préoccupé.

Autenzio m'en avait révélé la source. C'étaient des embarras d'argent. Les Steinheil étaient propriétaires de leur villa et ils disposaient de quelques revenus, mais ils menaient un train de maison au-dessus de leurs ressources. Ils avaient cuisinière et valet de chambre. La femme était coquette et dépensière. Dîners, réceptions, voitures, toilettes, cela coûte cher. Et Félix Faure n'était plus là pour acheter et faire vendre les tableaux.

M. Steinheil avait fini, lui-même, par me laisser entendre sa gêne présente en me confiant que la peinture « n'allait plus » et qu'il était sur le point de l'abandonner pour une entreprise commerciale de vitraux, n'oubliant pas que son père s'était distingué comme peintre verrier.

J'étais donc édifié suffisamment de ce côté. Il me restait à percer l'énigme de la femme. J'avais à lutter contre l'influence de sa légende. On m'avait dit : « C'est une enjôleuse, armée de séductions et d'un charme irrésistible ». Je m'en étais persuadé et cela avait contribué à brouiller les impressions de ma première entrevue. Je ne m'expliquais pas ce vague malaise que j'avais ressenti près d'elle et que j'avais attribué à son manque de spontanéité et de naturel. En dépit des compliments de politesse et des prévenances dont elle m'avait accablé, je sentais émaner de toute sa personne quelque chose de rêche, d'artificiel et de contraint. Ce qu'elle disait avait l'air d'un rôle appris par cœur, qu'elle débitait en actrice consommée, mais sans conviction, et en y adaptant des gestes convenus. La suite devait me la démontrer telle qu'elle est apparue à l'audience, au cours de son procès, un mélange de rouerie savante et de stupéfiante inconscience, mais je n'en étais encore qu'au début de mes sondages.

— Allez donc voir Mme Steinheil, me dit un jour son mari rencontré. Elle est hantée par la crainte des cambrioleurs. Elle en voit partout. Voilà longtemps qu'elle insiste pour que j'aille à votre bureau vous faire une déclaration en règle à ce sujet. Je m'en suis bien gardé, parce que ses plaintes ne reposent sur rien. Ce sont des chimères qu'elle se crée, mais son anxiété m'inquiète. Dites lui que je vous en ai parlé. Votre visite suffira pour la rassurer.

J'allai donc voir Mme Steinheil. Je la trouvai seule. Elle me conta que toutes les nuits, depuis une quinzaine, des malfaiteurs essayaient de se glisser dans sa villa. Ils escaladaient les murs. La nuit précédente, ils étaient montés sur le toit. Elle avait vu, à la faveur du clair de lune, se projeter leurs ombres sur le mur du jardin. Ils s'étaient enfuis, mais elle ne se sentait plus en sûreté.

Elle jouait la frayeur avec une telle perfection que

j'aurais pu me laisser gagner par ses craintes, si elle n'avait pas jugé à propos d'ajouter, alors que j'étais instruit de sa situation obérée : « Pensez donc ! monsieur le commissaire, on sait que nous sommes riches, et que mon mari a la mauvaise habitude de laisser traîner, sur son bureau, des sommes importantes. J'ai des bijoux qui excitent bien des convoitises. Si la police ne fait pas vigilance, on nous trouvera tous assassinés l'un de ces quatre matins. »

Par acquit de conscience, je me livrai devant elle à l'examen des murs. Aucune empreinte. Aucune trace d'escalade. Cette escalade me paraissait d'autant plus invraisemblable que la villa des Steinheil se défendait par sa situation même, presqu'au fond de l'impasse Ronsin, puisqu'on n'y pouvait accéder sans risquer d'éveiller l'attention des locataires riverains, et les cambrioleurs n'opèrent guère au clair de lune. Par considération pour son mari, je chargeai l'un de mes inspecteurs de se mettre en rapport avec elle, et de procéder à une enquête minutieuse.

Cet inspecteur, son enquête terminée, revint m'en apporter, comme je m'y attendais, les résultats négatifs. Les voisins n'avaient rien remarqué d'insolite, ni même entendu les cris que Mme Steinheil déclarait avoir poussés. Or, il existait, dans l'impasse, une imprimerie où l'on travaillait toute la nuit. L'inspecteur après m'avoir rendu compte de sa mission, concluait : « On ne voit pas pourquoi des cambrioleurs auraient jeté leur dévolu sur cette villa, où, de notoriété publique, il n'y a rien à voler que les meubles. Or, l'on ne vole pas les meubles d'une villa habitée. » Je

m'étais aperçu, depuis, que le mobilier des Steinheil
n'avait pas la valeur que je lui avais attribuée à ma
première visite, que tout ce luxe intérieur disposé
habilement pour en mettre, suivant l'expression
populaire, « plein la vue » du profane, n'était, en
majeure partie, que feinte et trompe l'œil. Pour ce
qui est des tapisseries, notamment, je n'avais pas
tardé à me convaincre que ce n'étaient que de vulgaires panneaux, tissés à la mécanique, de ceux là que
les catalogues de bazars décorent du nom de tapisseries « de Nîmes » et je n'aurais pas juré que l'argenterie fût autre chose que du banal ruolz. Peu importait, d'ailleurs, la valeur réelle de ces objets, puisque,
je le répète, on ne vole pas les meubles d'une maison habitée. Ne parlons pas des tableaux. Ceux de
M. Steinheil n'avaient aucune valeur marchande, ce
qui ne veut pas dire qu'ils n'eûssent aucune valeur
artistique. On sait que les deux choses ne vont pas
toujours de pair.

XXVI

LE CRIME DE L'IMPASSE RONSIN

Le 15 janvier 1907, je quittai le quartier Necker pour celui de Plaisance. C'était changer d'arrondissement. Je cessai de voir les Steinheil, mais je continuais à percevoir l'écho de leur vie par l'entremise d'amis communs. Il m'était revenu que leurs affaires, loin de se rétablir, achevaient de se gâter, et qu'à leurs soucis d'argent étaient venus s'en mêler d'une autre sorte.

— Vous savez, m'avait dit la femme du sculpteur C***, rencontrée, un soir, dans les couloirs du *Vaudeville*, que ça ne marche plus du tout, là-bas, dans le ménage. Mme Steinheil tirait aussi trop sur la corde et abusait de la tante Lily. Une lettre anonyme a tout révélé au mari. Le pauvre homme, atterré par le coup, et ne sachant à qui se fier, est accouru chez nous. Il faisait peine à voir. Je lui ai parlé de divorce. Il m'a objecté sa fille, le monde, l'opinion. Il est, d'ailleurs, sur le point d'aller vous voir, pour vous demander conseil.

J'attendis vainement la visite de M. Steinheil et

je n'y pensais plus, lorsque, le 31 mai 1908, dépliant mon journal, au saut du lit, j'y vis flamboyer en manchette :

LE DOUBLE ASSASSINAT DE L'IMPASSE RONSIN

J'y lus que des cambrioleurs s'étaient introduits la nuit précédente dans la villa Steinheil. Ils avaient étranglé le peintre et sa belle mère, Mme Japy, et ligoté Mme Steinheil. Ces affaires de ligotage sont toujours suspectes. On ne voit pas pourquoi des gaillards, résolus à supprimer deux personnes, s'abstiendraient d'en supprimer une troisième, capable de les dénoncer. Mme Steinheil parlait du vol d'une somme de 7.000 fr. que son mari aurait touchée, la veille, à la Banque de France — ce dont j'avais tout lieu de douter — et de divers objets que l'on n'avait jamais vus chez elle, notamment d'anciennes tapisseries de sièges, en point de Beauvais, représentant les *Fables* de la Fontaine, et de bijoux de prix dont l'existence me semblait assez problématique, puisque le bruit courait, dans les ateliers, que la plupart de ceux qui lui restaient, avaient pris, récemment, le chemin du Mont-de-Piété. Une chose surtout me troublait. C'est la façon dont Mme Steinheil avait parlé de son mari aux premiers *reporters* accourus sur les lieux. Elle le représentait comme un sadique, adonné aux pires débauches, amenant, pêle mêle, chez lui, tout ce qu'il ramassait, dans la rue, de conforme à ses vices, et s'enfermant dans son atelier, pour s'y livrer à des orgies en compagnie de modèles nus.

Je ne pouvais voir dans ces odieuses calomnies

qu'un moyen d'égarer les soupçons. Même vrais, il me semblait qu'un sentiment de dignité, à défaut de pudeur, eût dû lui commander de cacher la révélation de ces faits au public, ne fût-ce que pour éviter qu'ils vinssent à tomber sous les yeux de sa fille, alors âgée de dix-sept ans. Et le récit qu'elle faisait de la nuit du crime, tandis qu'au dehors éclatait un violent orage, le signalement qu'elle donnait des assassins, trois hommes masqués, à la juive, de lévites noires et de fausses barbes, armés de lanternes sourdes, accompagnés d'une femme rouquine, fleur du pavé, belle-de-nuit des boulevards extérieurs, tout, jusqu'à cette phrase échappée à ses lèvres : *A ce moment la pendule sonnait minuit*, me semblait une histoire rocambolesque, renouvelée de Ponson du Terrail, où Mme Steinheil donnait la mesure d'une imagination fertile et débridée. Rien, à mon avis, ne se pouvait retenir de ce récit, sauf les éclairs et les coups de foudre de l'orage. Il avait abondamment plu et tonné cette nuit là. Mais, chose curieuse, les cordes, qui avaient servi à ligoter Mme Steinheil, provenaient de sa cuisine. Les malfaiteurs n'avaient rien apporté du dehors, pas même la boue de leurs souliers, puisqu'aucune trace n'en avait été relevée sur les tapis et, dans une coupe posée sur la cheminée, à portée de la main, s'étalaient encore (au moment des premières constatations), un billet de cinquante francs et trois bagues (d'ailleurs de minime valeur) auxquels ils n'avaient pas touché.

Je n'avais pour m'instruire que les articles de journaux. C'était suffisant pour entretenir et aviver mes

soupçons. Après son déligotage, Mme Steinheil avait
été transportée chez des amis. Les communiqués officiels la représentaient dans un état alarmant. Pas si
alarmant, toutefois, qu'elle n'eût gardé assez de liberté
d'esprit pour s'épancher dans le sein des journalistes
avec une prolixité telle qu'elle se souciait peu des
contradictions. Tantôt elle disait « On est venu pour
voler l'argent que mon mari avait touché la veille »
tantôt elle disait « On est venu parce qu'on croyait
la maison inhabitée ». Effectivement, Mme Steinheil
s'était, depuis quelques semaines, installée avec
toute sa famille dans un pavillon loué à Bellevue,
pour y passer l'été, et je me demandais pourquoi elle
avait décidé de coucher cette nuit-là à Paris, dans une
maison démontée, en compagnie de son mari et de sa
mère. « C'est, prétendait-elle, parce que, mon mari
et moi, étions venus d'abord à la Banque de France,
puis à la gare de l'Est, chercher ma mère qui arrivait
de province », mais elle oubliait d'ajouter (le fait fut
allégué depuis), que c'était elle qui avait mandé, par
lettre, sans aucune raison valable, sa mère à Paris
en lui fixant le jour et l'heure de son arrivée. Et,
dans l'opinion publique cela prenait figure de manœuvre et de guet-apens. Les banques fermant à
4 heures et Mme Japy ayant débarqué de son train
dans l'après-midi, les trois personnes avaient tout
loisir de regagner Bellevue dans la journée. Avec les
facilités de locomotion dont elle dispose, cette banlieue n'était guère beaucoup plus distante de la gare
de l'Est que l'impasse Ronsin. Seulement, à Paris,
dira l'accusation. Mme Steinheil n'avait à redouter ni

la présence de sa fille, demeurée à Bellevue, ni les aboiements de ses chiens qu'elle y avait précédemment conduits, capables de donner l'alerte au moindre bruit et de dénoncer une intrusion étrangère, et il lui était permis de prendre toutes dispositions utiles à de noirs desseins. On ne manqua pas de faire remarquer que si elle avait installé sa mère dans la chambre du valet Rémy Couillard (resté seul gardien de la maison), c'était peut-être uniquement pour avoir l'occasion de le reléguer sous les combles, où il n'entendrait rien, et de dire à son mari, qu'elle savait armé d'un revolver : « Les portes ferment mal là-haut, il faut prêter cette arme à Rémy, sans quoi le pauvre garçon ne dormirait pas tranquille », ce qui avait été fait. Laissant son mari coucher seul dans la chambre conjugale, Mme Steinheil était allée prendre possession du lit de sa fille, dans une pièce écartée. N'était-ce pas pour avoir, tout-à-l'heure, prétexte d'insinuer au juge que si les malfaiteurs lui avaient laissé la vie sauve, c'est qu'ils l'avaient prise pour sa fille ? « *Faut pas la tuer c'te gosse* » aurait dit la rouquine, « *all' est trop mignonne* » or, la mignonne gosse allait sur ses quarante ans et, si bien conservée fût-elle, j'imagine qu'une simple chemise de nuit se prêtait mal à cacher les ravages de l'âge.

Les magistrats, eux-mêmes, ne semblaient guère dupes des divagations de Mme Steinheil. La presse, fidèle reflet de l'opinion publique, s'étonnait qu'on laissât la dame en liberté et que l'on eût confié le soin d'éclaircir son rôle au juge Leydet, l'un de ses plus notoires familiers. Il fallut la menace d'une interpellation à la Chambre des Députés pour que M. Leydet fût dessaisi, mais six mois s'étaient écoulés et les débuts de l'instruction pouvaient en demeurer viciés. Le nouveau juge, M. André, dut, pour en reconstituer la trame, la reprendre dès le premier fil.

Je ne fus mêlé en rien aux opérations de la procédure. Je m'abstins même de m'ouvrir de mes craintes à mes collègues, parce que j'avais entendu, dès le premier jour, le chef de la sûreté, M. Hamard, alors qu'il ne pouvait avoir en main que des éléments insuffisants d'information, déclarer publiquement et d'un ton péremptoire qu'il s'agissait là d'un « crime crapuleux », c'est à-dire commis par des malfaiteurs de profession. Or, connaissant Hamard que nous avions surnommé « l'énigmatique » et dont la prudence était proverbiale, j'en conclus qu'il n'avait pu se départir de sa réserve habituelle qu'en vertu d'un ordre supérieur. D'ailleurs, son affirmation n'avait convaincu personne. Un directeur d'agence d'informations, M. Jean-Bernard, n'avait pas hésité, en la reproduisant, à la faire suivre de cette réflexion : « M. Hamard nous prend-il pour des imbéciles ? »

Mais pourquoi parler de mot d'ordre ? Il était tout naturel que l'opinion du juge, prévenu en faveur de Mᵐᵉ Steinheil, et, de bonne foi, convaincu de son innocence, sinon de la véracité de ses déclarations, fît tache d'huile, autour de lui, car je ne voulais pas m'arrêter à l'hypothèse d'un crime politique, où se seraient trouvés compromis des personnages assez puissants pour paralyser l'action de la justice et la tenir en échec.

C'est que la fièvre des commérages battait alors son plein dans les journaux de combat et que la passion des partis déchaînés se donnait libre cours. Chacun en profitait pour tenter de déshonorer ses adversaires. Tous les matins, le nom d'un ministre, d'un sénateur ou d'un député influent, était jeté en pâture à la malignité publique, mais le plus vraisemblable était qu'il ne s'agissait là que d'une simple tragédie domestique.

Je préférais croire les journaux qui disaient « Mme Steinheil, avide de luxe et de jouissances matérielles, lasse de se débattre dans des embarras d'argent, a voulu se débarrasser de son mari pour se rendre libre et se remarier avec l'un de ses amis du moment, un riche industriel dont elle connaissait les préjugés de caste et qui ne consentirait jamais à épouser une « divorcée ». Et les journaux ajoutaient que, si Mme Steinheil n'avait pas reculé devant la disparition de sa mère, c'était pour faire hésiter les soupçons par « l'horreur du crime même ». Et d'aucuns n'oubliaient pas de faire remarquer que Mme Japy disposait de dix mille livres de rente, dont tout ou partie, je ne sais, devait faire retour à Mme Steinheil pour sa part d'héritage.

Mme Steinheil assurait que sa mère était morte accidentellement, étranglée par son râtelier qui se serait décroché de frayeur au bruit de la lutte. « Ma mère était si coquette, disait-elle, qu'elle gardait son râtelier pour dormir ». Or, au témoignage de plusieurs, sa mère se plaisait à citer comme un trait du caractère bizarre de sa fille qu'elle eût voulu lui imposer un râtelier et qu'elle l'eût menée de force, à cet effet, chez son dentiste M. G... D... « Je me suis laissé faire pour avoir la paix, avouait-elle, mais je n'userai jamais de cet appareil ». Mme Japy, en sa qualité de naïve provinciale, avait horreur des fausses dents et l'on ne pouvait lui ôter de l'idée que ces dents provenaient de la bouche des morts.

Présomptions ! que tout cela, direz vous. Je vous l'accorde, et que mille présomptions ne forment pas une preuve, mais puisqu'il fut établi, par l'enquête, qu'on n'avait rien volé dans la villa, il fallait décidément écarter l'hypothèse d'un crime « crapuleux ».

Je revis Mme Steinheil après le crime. C'était en novembre 1908. Elle m'avait écrit de l'aller voir pour obtenir des renseignements sur une tierce personne dont je parlerai tout à l'heure. C'était au moment le plus critique de l'instruction. Mme Steinheil venait de se compromettre irrémédiablement en accusant faussement son valet de chambre, Rémy Couillard. Impossible d'agir plus inconsciemment. Alors que l'instruction sommeillait et que l'opinion publique s'en désintéressait pour s'occuper d'une autre affaire sensationnelle, le crime de la rue de la Pépinière (assassinat Rémy), voilà Mme Steinheil qui juge à propos de se rappeler à l'attention par une lettre circulaire aux journaux, où elle prend à partie le chef de la sûreté, Hamard, et impute à sa négligence l'inanité des recherches. Elle réclame, à cor et à cri, une perquisition nouvelle. La presse ayant enregistré ses doléances, Hamard dut s'exécuter. Il revient au pavillon de l'impasse Ronsin, qu'il avait déjà fouillé, maintes fois, de fond en comble. Mme Steinheil le laisse tout examiner et partir, les mains dans ses poches, comme il était venu. Et, à 10 heures du soir, elle lui faisait porter à domicile, par un ami, avec prière d'en examiner le contenu, le calepin de Rémy Couillard, qu'elle avait subtilisé, à son insu, dans la poche de son veston. Hamard se refuse justement à recevoir le calepin dans de pareilles conditions. « Ça n'est pas mon affaire, dit-il, à l'envoyé de Mme Steinheil. Voyez le juge : M. Leydet ! » Au lieu d'aller trouver le juge, l'envoyé court au *Matin*. Il est reçu par M. Labruyère. On ouvre le portefeuille en petit comité et l'on y trouve une perle, que Mme Steinheil déclare provenir d'un bijou volé dans la nuit du crime. On arrête le valet de chambre, lequel, interpellé, se borne à déclarer : « Si la perle était dans mon portefeuille, c'est que Mme Steinheil l'y a mise ». Mme Steinheil jure ses grands dieux que non, mais son bijoutier intervient qui affirme. « La perle en question ornait une bague que Mme Stein-heil m'a confiée pour être transformée et c'est à sa demande que je l'avais dessertie ». Mme Steinheil, prise à son propre piège, se voyait forcée d'avouer sa supercherie.

Je m'attendais donc à la trouver inquiète, affolée, et il me semblait que, même innocente, cette formi-dable inculpation de parricide qui pesait sur elle devait suffire à l'accabler. Elle me parut, dans sa robe de deuil, aussi calme, aussi assurée, aussi maîtresse de ses paroles et de ses gestes, qu'elle s'était montrée, à ma première visite, dans ce même salon, alors plein de vie et de joyeuse confiance, mais où tout

sentait aujourd'hui, la menace et la mort. Cet entretien, à propos de faits qu'elle feignait d'ignorer et
qu'elle connaissait aussi bien que moi, ne pouvait
rien lui apprendre, mais je m'étais promis de l'aus-
culter, à fond, sans ménagements et de lui arracher
des aveux, non en policier, mais en simple confesseur,
tant il me souciait peu de m'immiscer dans le rôle
des magistrats instructeurs, qui auraient été en droit
de me dire : « De quoi vous mêlez-vous ? » J'avais préparé mes arguments en cours de route. Je m'apprêtais
à lui livrer un siège en règle et à jouer la partie serrée.
Je lui aurais dit : « Tout vous dénonce en apparence.
Je m'explique aujourd'hui votre manie de vous
entourer de sévères hommes de loi ; c'était pour
vous les rendre favorables à l'occasion. Il n'est pas jusqu'à cette fausse déclaration de tentative de cambriolage, que vous m'avez faite un jour, qui ne vous
accuse d'avoir préparé le forfait de longue main. Si
vous l'aviez imaginée, cette fausse déclaration, n'était-
ce pas pour avoir prétexte de vous écrier, plus tard, en
présence des deux cadavres : « Je l'avais bien prédit,
ça devait arriver un jour ou l'autre. La police était
prévenue » ? Je devais lui dire bien d'autres choses
encore, mais j'en fus empêché par la présence de sa
fille, Marthe, figure plaintive et désolée, qui assistait
muette, à l'entretien. Je ne parle pas de la vieille
cuisinière Mariette, que la presse nous donnait
comme l'âme damnée de Mme Steinheil et qu'elle
présumait complice du crime. Je la sentais qui nous
épiait de sa cuisine, dont elle avait laissé la porte
ouverte et je la voyais s'introduire à chaque instant

dans le salon, sous prétexte de vaquer aux soins du ménage. Elle ne cessait de rôder autour de nous, l'oreille tendue, le regard méfiant, la bouche mauvaise. Celle-là, je l'eusse volontiers bravée, mais je me sentais désarmé devant l'innocente Marthe. Comment oser accuser une mère sous les yeux de sa fille ? Je feignis donc de croire Mme Steinheil, lorsqu'elle me disait « Oui, j'ai eu tort de vouloir établir une preuve de la culpabilité de Rémy, en glissant dans son portefeuille une perle prétendue volée, mais je garde l'assurance que c'est lui qui a fait le coup. » Toutefois, je profitai du moment, où elle me reconduisait, au déloger, pour l'acculer dans l'embrasure de la porte et lui dire, à voix basse, en lui plantant mes yeux dans les siens. « Après tout, vous en connaissez plus long que vous n'en voulez dire ; vous savez bien que ce n'est pas Rémy qui est l'assassin ! »

Elle n'eut pas un geste, pas un tressaillement. Elle ne baissa pas les yeux. Elle les tint levés, au contraire, sur les miens, avec une persistance qui n'était peut-être que de l'étonnement, mais où je crus lire un mélange d'insolence et de défi. Allons ! j'avais affaire à forte partie. Il était dit que cette femme garderait son secret et, d'ailleurs, pour couper court à l'entretien, Mariette, la grosse maritorne, venait de se dresser entre nous, comme si la réclamait son office de refermer la porte sur moi, ce qu'elle fit avec précipitation.

Le lendemain, Mme Steinheil était arrêtée, et le juge Leydet dessaisi. Je n'ai pas à rendre compte de la suite des débats, ni de ce qui s'est passé en cours d'assises. Je n'en retiens qu'une chose, c'est que Mme Steinheil fut acquittée. Il n'est donc plus permis de la supposer coupable et ce n'est pas pour rouvrir, en l'absence de tout fait nouveau, un débat juridiquement clos, que j'ai entrepris ce récit, mais pour payer une dette d'honneur en réhabilitant la mémoire de l'honnête homme qui fut son mari et qu'elle fut la première à diffamer, et si j'ai laissé à mon récit son allure de réquisitoire, c'est pour montrer la facilité qu'a l'opinion publique à se méprendre et le danger des enquêtes menées par la presse à grand orchestre, en place publique. On y verra comment à la suite d'un faux départ, arrivent à se bâtir ou à se rendre possibles, de fil en aiguille, les erreurs judiciaires. Et Mme Steinheil, encore que sa pente maladive au mensonge y soit pour quelque chose, n'est pas le seul exemple qu'un innocent puisse avoir à pâtir de fausses apparences, et prendre, à tort, figure d'accusé, puisqu'il s'en trouve un autre dans son aventure même, celui de l'inspecteur de police Rossignol.

Il ne s'agit pas, ici, du fameux inspecteur de la sûreté, Gustave Rossignol qui a laissé des *Mémoires*, mais de son homonyme, Gustave Rossignol, inspecteur des commissariats, que je connaissais d'autant mieux, qu'il avait été, à deux reprises, sous mes ordres, au quartier Saint-Lambert et à celui de Necker.

XXVII

LA MÉSAVENTURE
DE L'INSPECTEUR ROSSIGNOL

Ce Rossignol était un curieux type de policier qui semblait avoir pris révélation de son art dans les romans-feuilletons et venir en droite ligne du répertoire de l'*Ambigu*. Il n'aimait rien tant que de se faufiler dans la société des mauvais garçons, pour en surprendre et déjouer les complots. Instruit du mot de passe ou du signe conventionnel qui en ouvrait les repaires les plus secrets, il s'y aventurait, camouflé en rôdeur, avec l'audace tranquille que lui donnait la solidité de ses poings, car c'était un gars d'aplomb, champion cycliste, champion de lutte, rompu à tous les genres de sports, capable de tenir victorieusement tête à plusieurs assaillants. Tous les argots lui étaient familiers. Il avait dressé le catalogue des diverses équipes de *monte-en-l'air* du quartier et s'était tellement initié à leurs façons d'opérer, qu'il lui suffisait d'examiner les traces d'un cambriolage, pour en identifier les auteurs. « Ça ! disait-il, c'est signé de la bande d'un tel », et il se trompait rarement. On n'imagine pas les ruses que son instinct lui soufflait pour endormir la méfiance des apaches, gagner leurs confidences, et les faire choir dans ses filets. Il lui arrivait de simuler l'ivresse et de se coucher sur un banc, pour attirer les dévaliseurs de poivrots et les capturer en flagrant délit.

Une nuit, qu'au sortir de mon service de théâtre à *Marigny*, la clémence de la température m'avait incité à rejoindre à pied mon lointain domicile de Vaugirard, je fus intrigué, en abordant l'avenue de Ségur, par les allures d'un individu de mauvaise mine, qui devant moi, s'avançait sournoisement, par bonds, d'arbre en arbre, cherchant à s'y dissimuler, comme s'il guettait et voulait surprendre une proie convoitée. L'avenue était déserte. J'avais le pressentiment d'un mauvais coup. L'individu poursuivait son manège. J'étais peut-être son enjeu. Il n'est rien de tel, alors, que de feindre l'assurance et de prendre les devants. Je n'avais, sur moi, que la seule arme que j'estime efficace, une canne plombée. Je hâtai le pas et m'avançai résolument vers lui. Or, quelle ne fut pas ma surprise en reconnaissant Rossignol, déguisé d'une casquette et d'un pantalon de zingueur, la joue imprimée de faux tatouages. Il me dit qu'il avait passé la soirée dans un bouge de l'avenue Lowendal, où deux individus semblaient s'être concertés, près de lui, pour quelque louche expédition nocturne, dont il n'avait pu saisir exactement la nature, tant ils s'entretenaient à voix basse, et qu'il n'avait rien trouvé de mieux, pour en éclaircir le mystère, que de les prendre en filature, à la sortie. Effectivement, deux silhouettes patibulaires se profilaient au loin, à la lumière, déjà raréfiée, de becs de gaz, et qu'il m'inquiétait peu de laisser disparaître, tant à cause de l'heure indue, que du mécontentement où me jetait la manie de Rossignol à se risquer inconsidérément dans une foule d'entreprises plus riches de périls que de profit : « Nous sommes sur le VII⁰ arrondissement » lui fis-je remarquer avec humeur « et nous n'avons à nous occuper que du XV⁰. La tâche est déjà assez rude pour absorber tous vos soins », et je lui intimai l'ordre de rentrer chez lui. Sans doute, les initiatives de Rossignol m'avaient puissamment aidé en maintes circonstances. Il m'avait amené, de tous les coins de Paris, des affaires de choix et ménagé des arrestations importantes dont mon commissariat tirait un légitime renom, mais j'aurais préféré qu'il se bornât à surveiller la fripouille de mon quartier, au lieu de se surmener en expéditions nocturnes, à Montmartre, aux Halles et ailleurs, afin de l'avoir toujours frais à ma disposition. A force de ne rêver que de coups de maître et d'exploits, il en était venu à négliger un peu la broutille des affaires courantes, des menus faits quotidiens, sa besogne obscure de scribe et de rond de cuir. Il eût fait un excellent limier des brigades de recherches. Il n'était pas à sa place dans les commissariats. Ses excès de zèle devaient lui nuire et lui valoir l'hostilité de ses collègues du service de sûreté, à qui il soufflait leurs meilleures affaires, et qui s'irritaient de le voir toujours chasser sur leurs plates-bandes. Ils finirent par s'en plaindre à leur chef et à noircir Rossignol dans

son esprit, en insistant sur ses mauvaises fréquenta-
tions, comme s'ils feignaient d'en ignorer les motifs.
Et le chef de la sûreté ne pouvait manquer de porter
leurs doléances aux oreilles du secrétaire général,
qui s'étonna lui-même de ces façons d'agir à la
Vidocq, peu compatibles avec les qualités de réserve
et de tenue que l'on exige d'un inspecteur de commissariat. Mon Rossignol fut changé de quartier par
disgrâce, exilé au commissariat des Épinettes, puis,
finalement, l'on prit prétexte de je ne sais quelle pec-
cadille, pour l'inviter à donner sa démission.

Je n'avais pas les raisons de l'administration de me
désintéresser d'un homme dont j'avais pu apprécier
les mérites et qui, somme toute, avait été pour moi
un collaborateur dévoué. Le sachant sans ressources,
dans une détresse d'autant plus émouvante qu'il
avait femme et enfant à nourrir, je résolus de lui pro-
curer une place sortable à ses humeurs, de chef de
personnel ou de surveillant quelque part, et comme
il y avait urgence à lui venir en aide, je le fis, en
attendant mieux, agréer comme courtier, aux établissements du *Planteur de Caïffa*. Il vendait du café en
province, traînant une petite voiture, de village en
village, sur les routes. Ce n'était pas très reluisant,
mais c'était, provisoirement, le pain assuré. Il était
dit pourtant que ce brave Rossignol, né sous une
mauvaise étoile, n'était pas au bout de ses tribula-
tions. A l'heure même où je venais de lui décrocher
un poste de contrôleur dans l'un des magasins les
plus importants de Paris et où j'allais l'en aviser, les
journaux imprimaient son nom comme celui de

l'assassin présumé du peintre Steinheil et de Mme Japy.
Voici dans quelles circonstances.

L'arrestation de Mme Steinheil, après le coup de
la perle, semblait n'avoir entamé en rien sa superbe
assurance. Elle rejetait sa faute sur des journalistes.
« Ils m'ont suggestionnée », affirmait-elle et, du
même cœur léger dont elle avait accusé Rémy Couillard, elle n'hésita pas à dénoncer le fils de sa cuisinière,
Alexandre Wolff, comme elle dénoncera, tout à l'heure
Salvator, et Pierre, et Paul, avant de se résoudre à dire
au nouveau juge, André : « Après tout, cherchez
vous-même ; ce n'est pas à moi à vous révéler l'assassin. Je le connais. J'ai mes raisons pour ne pas le
nommer. » Pas plus que Rémy Couillard, Alexandre
Wolff n'était coupable, mais la piste avait paru
sérieuse un moment, et l'opinion publique n'avait pas
attendu cette dénonciation pour s'occuper de lui.
L'homme n'avait pas de métier bien défini. Il se disait
maquignon et frayait, aux abattoirs de Vaugirard,
avec toute une clientèle louche. Il avait facilité, par
sa mère, de s'introduire, à toute heure de jour et de
nuit, dans la villa Steinheil et d'être instruit de ce
qui s'y passait. Peu de jours avant le crime, il battait
une dèche si noire qu'il avait dû s'enrôler comme
figurant, au théâtre de Grenelle, pour soixante-quinze
centimes par soirée. Puis, tout à coup, on l'avait vu,
le porte-monnaie garni, mener, en joyeuse compagnie, chez les bistrots de la région, une bombe à tout
casser. Cet argent provenait d'une opération fort
licite. Alexandre Wolff avait servi d'intermédiaire
dans une vente de chevaux. C'était sa part de com-

mission, sa prise de bénéfice, mais bien qu'il en ait fait la preuve au juge, la presse hésitait à lâcher cette proie depuis longtemps suspecte. Elle éplucha son passé, ses relations. Elle découvrit qu'il avait été, jadis, le client assidu d'un gymnase de la rue Cambronne, où ces messieurs de la viande, fiers de leurs biceps et de leurs muscles, venaient en essayer la vigueur, et dont Rossignol s'était institué le moniteur. Il s'en était institué le moniteur autant par goût que par calcul, pour être à même de mieux surveiller cette coterie turbulente à laquelle il ne pouvait cacher sa qualité d'inspecteur de police, puisqu'il était attaché au commissariat du quartier Saint-Lambert et que les abattoirs étaient de son ressort. On en conclut que les deux hommes avaient dû être très liés, bien qu'en réalité ils n'eussent aucune raison de sympathiser. Albert Wolff, la première fois qu'on lui parla de Rossignol, s'écria d'un air offensé : « Non ! mais des fois !..... pour qui me prenez-vous ? Je me respecte trop pour fréquenter les « vaches » ; mais on ne voulut voir là qu'une feinte et lorsqu'on s'inquiéta de Rossignol, on apprit qu'il avait déménagé la veille du crime sans laisser d'adresse.

Un *reporter* du *Petit Parisien*, qui l'avait connu dans l'exercice de ses fonctions, affirma l'avoir vu, quelques jours après le crime, dans un établissement public, chez *Scossa*, en compagnie de Mme Steinheil. C'était de quoi passionner l'opinion et l'accusation prit corps avec une telle violence que je vis, un après-midi, entrer dans mon cabinet, le chef des informations du *Matin*, le distingué M. Sauerwein, en personne, qui avec le plus grand sérieux du monde, venait m'en entretenir.

— L'hypothèse ne tient pas debout, lui dis-je, il n'y a contre Rossignol que des apparences. Je suis au courant. Ce n'est pas sa faute si le double assassinat de l'impasse Ronsin a coïncidé avec l'époque de son déménagement, nullement clandestin d'ailleurs. Rossignol n'a pas laissé son adresse, parce qu'il voulait se soustraire aux réclamations pressantes d'un usurier, auquel, faute de ressources, depuis sa démission, il avait eu l'imprudence de s'adresser. Et ce n'est pas sa faute si le *reporter* du *Petit Parisien* s'est mépris sur le compte de la personne qui l'accompagnait chez *Scossa* et l'a confondue avec Mme Steinheil. Cette personne était tout simplement la sœur de Rossignol, personne, il est vrai, fort élégante, employée dans un magasin de modes aux environs de la gare Saint-Lazare.

— Pourtant, reprit M. Sauerwein, Rossignol connaissait Mme Steinheil.

— Evidemment, puisque je les avais mis en rapport au sujet d'une fausse histoire de cambriolage (et c'est à ce sujet que Mme Steinheil m'avait écrit) mais s'il suffisait d'avoir connu Mme Steinheil pour devenir suspect, la moitié de Paris serait compromise.

— Soit ! mais pourquoi Rossignol, alors, prétend-il ne l'avoir jamais vue ?

Rossignol, je ne sais pourquoi, avait nié cette entrevue soit par défaillance de mémoire, soit, plutôt, parce qu'affolé à se sentir de tous côtés, traqué par les *reporters* qui avaient retrouvé ses traces, il avait perdu la tête et cru sortir plus vite de leurs griffes par une brève dénégation. C'est ce que j'essayai d'expliquer à M. Sauerwein, qui m'écouta avec une bonne grâce et une courtoisie parfaites, mais qui ne parut pas me quitter bien ébranlé dans ses convictions.

On était trop renseigné en haut lieu pour attacher la moindre importance à la piste Rossignol, mais allez donc détromper des informateurs, en pleine alerte, toujours à l'affût d'un coup de théâtre, et persuadés qu'ils avaient, cette fois découvert le pot aux roses ! Il leur fallut tout de même se rendre à l'évidence et, quelques jours après la visite de M. Sauerwein, le *Matin*, sans abandonner absolument la piste Rossignol, publiait un article montrant qu'il était prêt à changer de batterie. Cet article faisait allusion à un chauffeur, qui aurait stationné avec sa voiture devant l'impasse Ronsin, dans la nuit du crime et posait les questions suivantes :

1° *Ce chauffeur est-il bien le même que celui dont le nom, l'adresse et le numéro de téléphone figurent sur une liste dressée par M*me *Steinheil de ses familiers, liste qui aurait échappé jusqu'ici à toutes les perquisitions de M. Hamard (Notons entre parenthèses, si l'article disait vrai, combien de choses devaient échapper, dans cet affaire, au maître policier Hamard, qui, d'ordinaire, n'en laissait échapper aucune).*

2° *Est-ce lui qui fonctionnait lorsque la série des tantes Lily se promenait avec M*me *Steinheil ?*

3° *Enfin est-ce ce chauffeur mystérieux à qui M*me *Stein-*

heil a remis ou fait remettre par une tierce personne, entre le mois de juin et le mois de novembre, diverses sommes variant entre 20 et 300 francs ?

Cette histoire du chauffeur ne reposait sans doute pas sur des données plus solides que les autres, puisque bientôt il n'en était plus question.

En attendant, ce brave Rossignol, un moment poursuivi par la clameur publique, y perdit sa situation et l'espoir — sinon pour toujours, au moins pour longtemps — de se remettre à flot, tant il devenait d'un placement difficile, les chefs de service ayant une sainte horreur du bruit, et, puisque les vrais coupables courent toujours, et que Mme Steinheil acquittée, a retrouvé, à ce qu'on m'assure, sous un autre nom et sous d'autres cieux, la fortune et la considération, on peut dire qu'il n'y eut, dans toute cette affaire, les deux cadavres mis à part, que ce malheureux Rossignol de frappé et qu'il n'y eut que lui seul à en tirer un réel et persistant dommage.

TABLE DES MATIÈRES

Vannes. — Imprimerie LAFOLYE FRÈRES et Cⁱᵉ, 4 0-20.